Sob o Sol da transformação
UM CONVITE PARA MUDAR SUA VIDA

Editora Appris Ltda.
1.ª Edição - Copyright© 2024 do autor
Direitos de Edição Reservados à Editora Appris Ltda.

Nenhuma parte desta obra poderá ser utilizada indevidamente, sem estar de acordo com a Lei nº 9.610/98. Se incorreções forem encontradas, serão de exclusiva responsabilidade de seus organizadores. Foi realizado o Depósito Legal na Fundação Biblioteca Nacional, de acordo com as Leis nos 10.994, de 14/12/2004, e 12.192, de 14/01/2010.

Catalogação na Fonte
Elaborado por: Dayanne Leal Souza
Bibliotecária CRB 9/2162

F297s
2024
	Feijó, Edson Correia de Lima
	    Sob o sol da transformação: um convite para mudar sua vida / Edson Correia de Lima Feijó. – 1. ed. – Curitiba: Appris, 2024.
	    205 p. ; 23 cm.
	
	    ISBN 978-65-250-6429-1
	
	    1. Autoajuda. 2. Desenvolvimento pessoal. 3. Resiliência (Traço da personalidade). I. Feijó, Edson Correia de Lima. II. Título.
	
	    CDD – 158.1

Editora e Livraria Appris Ltda.
Av. Manoel Ribas, 2265 – Mercês
Curitiba/PR – CEP: 80810-002
Tel. (41) 3156 - 4731
www.editoraappris.com.br

Printed in Brazil
Impresso no Brasil

EDSON CORREIA DE LIMA FEIJÓ

Sob o Sol da transformação
UM CONVITE PARA MUDAR SUA VIDA

artêra
editorial

CURITIBA, PR
2024

FICHA TÉCNICA

EDITORIAL	Augusto V. de A. Coelho
	Sara C. de Andrade Coelho
COMITÊ EDITORIAL	Marli Caetano
	Andréa Barbosa Gouveia (UFPR)
	Edmeire C. Pereira (UFPR)
	Iraneide da Silva (UFC)
	Jacques de Lima Ferreira (UP)
SUPERVISOR DA PRODUÇÃO	Renata C. Lopes
PRODUÇÃO EDITORIAL	Daniela Nazario
REVISÃO	Simone Ceré
DIAGRAMAÇÃO	Bruno Ferreira Nascimento
CAPA	João Vitor Oliveira
REVISÃO DE PROVA	Sabrina Costa

Dedico esta obra a você, leitor, que ousa embarcar nesta jornada de autodescoberta e transformação. Que estas palavras sejam um farol em seu caminho, guiando-o rumo ao despertar de novos horizontes e à realização plena. Que cada página seja um convite para explorar os recantos mais profundos de sua alma e encontrar a verdadeira essência da vida. Que juntos possamos celebrar o poder da mudança e a beleza da jornada. Este livro é dedicado a você, pois é por meio de sua jornada que estas palavras ganham vida e significado.

AGRADECIMENTOS

Agradeço a Deus, fonte suprema do amor, de toda sabedoria e entendimento, por cada bênção que permeia minha existência. Em Ti encontro a luz que ilumina meu caminho e a força que sustenta meu ser.

Agradeço por cada momento de alegria que enche meu coração de gratidão, por cada desafio que me ensina a crescer e por cada oportunidade que me permite ser instrumento do Teu amor neste mundo.

Rendo graças por Tua presença constante, mesmo nos momentos de maior tribulação, pois sei que jamais me abandonas e que em Tua infinita bondade encontro refúgio e consolo.

Agradeço pelos laços de amor que unem minha jornada, pelos amigos que caminham ao meu lado e pela família, que é o alicerce de minha vida. Em cada sorriso, em cada abraço, reconheço Teu amor manifestado.

Sou grato por cada lição aprendida, por cada obstáculo superado e por cada sonho realizado, pois sei que és Tu, Deus misericordioso, quem guia meus passos e me conduz à plenitude da vida.

Que minha existência seja sempre uma canção de gratidão a Ti, ó Pai celestial, por tudo que És e por tudo que me permites ser. Amém!

O autor

APRESENTAÇÃO

Sob o sol da transformação: um convite para mudar sua vida é mais do que uma obra escrita; é uma jornada, uma imersão diária no despertar da consciência, uma experiência única que o convida a mergulhar em 45 dias de transformação profunda.

Cada manhã, ao abrir estas páginas, você será acolhido por uma oração que ilumina seu caminho, uma reflexão que instiga a contemplação, uma mensagem inspiradora que ressoa com o tema do dia e uma frase destacada para levar consigo, uma pérola de sabedoria para nutrir sua jornada.

O Sol, símbolo de renovação e luz, é testemunha silenciosa desta jornada. Cada amanhecer traz consigo a promessa de uma nova oportunidade para se reconectar consigo mesmo, para se permitir crescer e florescer.

"45 Imersões" representa o compromisso de oferecer a você um mergulho profundo em diferentes aspectos da vida, guiando-o por uma jornada transformadora. Cada imersão é uma porta aberta para a expansão da consciência, um convite para descobrir novas perspectivas, reconhecer padrões e abraçar a mudança com coragem e aceitação.

Esta experiência foi concebida como uma obra viva, destinada a ser explorada a cada dia, proporcionando um espaço sagrado para a reflexão e autodescoberta. Ao se entregar a este livro, convido você a abraçar a oportunidade de transformar não apenas sua rotina matinal, mas toda a sua vida.

Você será guiado pelo caminho repleto de oportunidades para compreender e superar suas crenças limitantes, procrastinação, medo, assim como para enfrentar suas ansiedades com serenidade, permitindo-se descobrir a verdadeira abundância que habita em seu interior.

Sob o sol da transformação não apenas o desafia a superar limites, mas o convida a abraçar a jornada com fé e esperança no processo da vida. Estas páginas certamente servirão como faróis de luz em sua jornada, guiando-o na direção da realização, paz interior e crescimento pessoal.

PREPARE-SE PARA A JORNADA

Orientações para uma leitura consciente e transformadora

Antes de embarcar nesta jornada imersiva oferecida por este livro, dedique um momento para se preparar verdadeiramente. Encontre um lugar tranquilo onde possa se conectar consigo mesmo. Suavemente, feche os olhos e permita-se respirar profundamente, inspirando pelo nariz e expirando pela boca, num ritmo lento e consciente. Concentre-se na sensação da sua respiração, deixando para trás as preocupações do dia a dia, enquanto a calma e a serenidade fluem através de você, acalmando sua mente e coração.

Ao abrir as páginas deste livro, deixe-se envolver pela leitura de forma suave e pausada. Permita que as palavras fluam livremente, conectando-se com a essência do seu ser. Deixe que cada frase e mensagem penetrem profundamente em seu coração, nutrindo-o e inspirando-o.

Durante esta jornada de leitura, esteja completamente presente e consciente do momento. Desligue-se de quaisquer distrações externas e mergulhe profundamente na experiência única que este livro proporciona. Faça anotações e sublinhe passagens que ressoem mais profundamente em você, pois isso facilitará a reflexão e a assimilação posterior.

Ao concluir cada imersão, reserve um tempo sagrado para refletir sobre o que foi absorvido. Permita-se meditar sobre as lições aprendidas, deixando que elas guiem e inspirem uma transformação positiva em sua vida. Lembre-se de que esta jornada é pessoal e única para cada indivíduo, então adapte as mensagens e reflexões deste livro de acordo com suas próprias necessidades e preferências.

Tenha em mente que *Sob o sol da transformação: um convite para mudar sua vida* não é apenas um livro; é um companheiro de jornada que o conduzirá em direção à realização pessoal e ao despertar do seu verdadeiro potencial. Permita-se ser transformado e abra-se para um novo horizonte de possibilidades.

Se em algum momento você sentir vontade de desistir, honre esse sentimento. Aceite-o. Acolha-o de forma consciente e, com os olhos fechados levemente, respire profundamente por três vezes, sintonizando-se com as batidas do seu coração. Em seguida, retome a leitura, renovado e fortalecido.

Caso sua mente se desvie para pensamentos alheios à leitura, não se preocupe. É natural que isso aconteça. Em vez de se frustrar, veja isso como uma oportunidade para praticar a arte da atenção plena. Retome o controle da sua mente através da respiração consciente. Sinta o ar entrando e saindo dos seus pulmões, trazendo você de volta ao momento presente.

Lembre-se de que cada palavra destas imersões carrega consigo uma mensagem valiosa, capaz de inspirar e transformar. Permita-se ler cada uma delas com tranquilidade e serenidade, deixando que sua mente se abra para as possibilidades que elas oferecem.

Ao se entregar completamente à leitura, seus ouvidos se conectarão com a essência das mensagens, tocando seu coração e alimentando sua alma. Deixe que estas palavras guiem você em direção a uma jornada de autoconhecimento e crescimento pessoal.

Portanto, não desanime diante das distrações. Em vez disso, veja-as como oportunidades para praticar a presença e fortalecer sua capacidade de concentração. Ao fazer isso, você estará cultivando não apenas o hábito da leitura diária das imersões, mas também o poder da atenção plena em todas as áreas da sua vida.

Então, respire fundo, mergulhe nas páginas deste livro e permita-se ser conduzido por uma jornada de descoberta e transformação. O universo está pronto para revelar seus segredos mais profundos, e tudo o que você precisa fazer é abrir-se para recebê-los.

Com sincera gratidão,

O autor

PREFÁCIO

Conheço o autor, meu amigo Edson Feijó, há muitos anos. É um advogado militante de elevada capacidade, um brilhante psicanalista e um ser humano maravilhoso. Além disso, é um pai de família exemplar e um excelente amigo. Foi com grande honra que aceitei o convite para prefaciar sua obra, pois um livro, assim como um filho, merece um padrinho de apresentação.

Ao percorrer as páginas deste livro, fui agraciado com uma leitura envolvente e um conteúdo que pode verdadeiramente impactar a vida do leitor, despertando nele o desejo de mudança para uma vida mais equilibrada e iluminada por Deus. Aqui encontramos orações, poesias e ensinamentos valiosos para uma vida plena.

O autor compartilha nesta obra maravilhosa sua inspiração, que muitas vezes brotou ao contemplar o nascer do sol, símbolo da renovação e da constante mudança, destacando a importância da resiliência e do aperfeiçoamento humano. Com maestria, transita entre o metafísico, a fé e os ensinamentos psicanalíticos, estruturando as mudanças necessárias para uma vida plena e de aceitação mútua.

Demonstra a importância de viver plenamente cada momento, evitando preconceitos e julgamentos, e cultivando a compreensão e a humildade como pilares da verdadeira grandeza. A obra também ressalta a responsabilidade individual pela própria felicidade, incentivando o desenvolvimento da empatia e o cuidado com o próximo.

Não se omite em abordar a importância do zelo pela natureza e do equilíbrio entre trabalho, descanso e lazer para uma vida harmônica. Destaca ainda a coragem de assumir os próprios defeitos e limitações, cultivando a generosidade e a compaixão por todas as formas de vida.

A narrativa deste livro é envolvente, iniciando cada capítulo com uma oração a Deus, desenvolvendo o tema de forma clara e concluindo com uma reflexão e mensagem do dia, tornando a leitura extremamente agradável.

É uma obra para toda a vida, digna de ser lida e revisitada, guardada como um tesouro na estante e na alma.

Raimundo Palmeira

Advogado Criminalista.
Professor da Universidade Federal de Alagoas.
Maceió, 6 de maio de 2024

SUMÁRIO

IMERSÃO N.º 1: **ACEITAÇÃO**

ACEITE A SI MESMO E AOS OUTROS INCONDICIONALMENTE .. 25
1.1 PRECE/ORAÇÃO... 25
1.2 REFLEXÃO 27
1.3 MENSAGEM 28
1.4 FRASE DO DIA 28

IMERSÃO N.º 2: **COMPREENSÃO**

BUSQUE COMPREENDER AS EXPERIÊNCIAS DOS OUTROS 29
2.1 PRECE/ORAÇÃO... 29
2.2 REFLEXÃO 30
2.3 MENSAGEM 31
2.4 FRASE DO DIA 32

IMERSÃO N.º 3: **PRESENÇA**

ESTEJA PRESENTE NO MOMENTO, TOTALMENTE E SEM
JULGAMENTOS 33
3.1 PRECE/ORAÇÃO... 33
3.2 REFLEXÃO 34
3.3 MENSAGEM 35
3.4 FRASE DO DIA 36

IMERSÃO N.º 4: **HUMILDADE**

RECONHEÇA A SABEDORIA NA HUMILDADE.................. 37
4.1 PRECE/ORAÇÃO... 37
4.2 REFLEXÃO 38
4.3 MENSAGEM 40
4.4 FRASE DO DIA 40

IMERSÃO N.º 5: **ESPERANÇA**

CULTIVE A ESPERANÇA, MESMO NAS SITUAÇÕES MAIS DIFÍCEIS .. 41
5.1 PRECE/ORAÇÃO 41
5.2 REFLEXÃO 42
5.3 MENSAGEM 43
5.4 FRASE DO DIA 44

IMERSÃO N.º 6: **RESPONSABILIDADE**

ASSUMA A RESPONSABILIDADE POR SUA FELICIDADE E AÇÃO ...45
6.1 PRECE/ORAÇÃO 45
6.2 REFLEXÃO 46
6.3 MENSAGEM 47
6.4 FRASE DO DIA 48

IMERSÃO N.º 7: **EMPATIA**

COLOQUE-SE NO LUGAR DOS OUTROS PARA ENTENDER VERDADEIRAMENTE 49
7.1 PRECE/ORAÇÃO 49
7.2 REFLEXÃO 50
7.3 MENSAGEM 51
7.4 FRASE DO DIA 52

IMERSÃO N.º 8: **PRESERVAÇÃO**

HONRE E PROTEJA A NATUREZA QUE NOS SUSTENTA 53
8.1 PRECE/ORAÇÃO 53
8.2 REFLEXÃO 54
8.3 MENSAGEM 55
8.4 FRASE DO DIA 56

IMERSÃO N.º 9: **EQUILÍBRIO**

ENCONTRE EQUILÍBRIO ENTRE TRABALHO, DESCANSO E LAZER. 57
9.1 PRECE/ORAÇÃO 57
9.2 REFLEXÃO 58
9.3 MENSAGEM 59
9.4 FRASE DO DIA 60

IMERSÃO N.º 10: CORAGEM

TENHA CORAGEM PARA ENFRENTAR OS MEDOS E DESAFIOS .. 61
    10.1 PRECE/ORAÇÃO 61
    10.2 REFLEXÃO 62
    10.3 MENSAGEM 63
    10.4 FRASE DO DIA 64

IMERSÃO N.º 11: GENEROSIDADE

PRATIQUE A GENEROSIDADE SEM ESPERAR NADA EM TROCA ...65
    11.1 PRECE/ORAÇÃO 65
    11.2 REFLEXÃO 66
    11.3 MENSAGEM 68
    11.4 FRASE DO DIA 68

IMERSÃO N.º 12: COMPAIXÃO

CULTIVE A COMPAIXÃO POR TODAS AS FORMAS DE VIDA 69
    12.1 PRECE/ORAÇÃO 69
    12.2 REFLEXÃO 70
    12.3 MENSAGEM 72
    12.4 FRASE DO DIA 72

IMERSÃO N.º 13: REFLEXÃO E AUTOCONHECIMENTO

RESERVE TEMPO PARA A REFLEXÃO E AUTOCONHECIMENTO.. 73
    13.1 PRECE/ORAÇÃO 73
    13.2 REFLEXÃO 74
    13.3 MENSAGEM 76
    13.4 FRASE DO DIA 76

IMERSÃO N.º 14: ACEITAÇÃO DA MUDANÇA

ACEITE A IMPERMANÊNCIA E ABRACE AS MUDANÇAS 77
    14.1 PRECE/ORAÇÃO 77
    14.2 REFLEXÃO 78
    14.3 MENSAGEM 80
    14.4 FRASE DO DIA 80

IMERSÃO N.º 15: **HARMONIA INTERIOR**

ENCONTRE PAZ E HARMONIA DENTRO DE SI MESMO 81
   15.1 PRECE/ORAÇÃO 81
   15.2 REFLEXÃO 82
   15.3 MENSAGEM 83
   15.4 FRASE DO DIA 84

IMERSÃO N.º 16: **PERSEVERANÇA**

CONTINUE SEGUINDO EM FRENTE, INDEPENDENTEMENTE DOS OBSTÁCULOS 85
   16.1 PRECE/ORAÇÃO 85
   16.2 REFLEXÃO 86
   16.3 MENSAGEM 87
   16.4 FRASE DO DIA 88

IMERSÃO N.º 17: **FÉ**

CULTIVE A FÉ NA JORNADA E CONFIE NO PROCESSO DA VIDA . 89
   17.1 PRECE/ORAÇÃO 89
   17.2 REFLEXÃO 90
   17.3 MENSAGEM 92
   17.4 FRASE DO DIA 92

IMERSÃO N.º 18: **GRATIDÃO PELA VIDA**

AGRADEÇA PELA DÁDIVA DA VIDA A CADA DIA............... 93
   18.1 PRECE/ORAÇÃO 93
   18.2 REFLEXÃO 95
   18.3 MENSAGEM 97
   18.4 FRASE DO DIA 97

IMERSÃO N.º 19: **APRENDIZADO**

VEJA CADA DESAFIO
COMO UMA OPORTUNIDADE DE APRENDIZADO 98
   19.1 PRECE/ORAÇÃO 98
   19.2 REFLEXÃO 99
   19.3 MENSAGEM 100
   19.4 FRASE DO DIA 101

IMERSÃO N.º 20: **INTENÇÃO**

ESTABELEÇA INTENÇÕES POSITIVAS PARA O DIA E PARA A VIDA.. 102
   20.1 PRECE/ORAÇÃO 102
   20.2 REFLEXÃO 103
   20.3 MENSAGEM 104
   20.4 FRASE DO DIA 105

IMERSÃO N.º 21: **AMIZADE**

CELEBRE A AMIZADE VERDADEIRA QUE ILUMINA NOSSAS VIDAS . 106
   21.1 PRECE/ORAÇÃO 106
   21.2 REFLEXÃO 107
   21.3 MENSAGEM 108
   21.4 FRASE DO DIA 108

IMERSÃO N.º 22: **CRIATIVIDADE**

CULTIVE A CRIATIVIDADE COMO UMA EXPRESSÃO DA ALMA .. 109
   22.1 PRECE/ORAÇÃO 109
   22.2 REFLEXÃO 110
   22.3 MENSAGEM 111
   22.4 FRASE DO DIA 112

IMERSÃO N.º 23: CONSCIÊNCIA

ESTEJA CONSCIENTE DE SUAS ESCOLHAS E IMPACTO NO MUNDO . 113
   23.1 PRECE/ORAÇÃO 113
   23.2 REFLEXÃO 114
   23.3 MENSAGEM 116
   23.4 FRASE DO DIA 116

IMERSÃO N.º 24: COMPREENSÃO DA DOR

COMPREENDA A DOR COMO PARTE DO PROCESSO DE CURA. 117
   24.1 PRECE/ORAÇÃO 117
   24.2 REFLEXÃO 118
   24.3 MENSAGEM 120
   24.4 FRASE DO DIA 120

IMERSÃO N.º 25: ALTRUÍSMO

SIRVA AOS OUTROS COM UM CORAÇÃO ALTRUÍSTA 121
   25.1 PRECE/ORAÇÃO 121
   25.2 REFLEXÃO 122
   25.3 MENSAGEM 124
   25.4 FRASE DO DIA 125

IMERSÃO N.º 26: CORAGEM PARA SER AUTÊNTICO

TENHA CORAGEM PARA SER AUTENTICAMENTE VOCÊ........ 126
   26.1 PRECE/ORAÇÃO 126
   26.2 REFLEXÃO 127
   26.3 MENSAGEM 129
   26.4 FRASE DO DIA 130

IMERSÃO N.º 27: AUTOCOMPAIXÃO

TRATE A SI MESMO COM AMOR E GENTILEZA A CADA DIA ... 131
   27.1 PRECE/ORAÇÃO 131
   27.2 REFLEXÃO 132
   27.3 MENSAGEM 133
   27.4 FRASE DO DIA 134

IMERSÃO N.º 28: ALEGRIA NAS PEQUENAS COISAS

ENCONTRE ALEGRIA NAS PEQUENAS COISAS DA VIDA 135
   28.1 PRECE/ORAÇÃO 135
   28.2 REFLEXÃO 137
   28.3 MENSAGEM 138
   28.4 FRASE DO DIA 139

IMERSÃO N.º 29: HARMONIA FAMILIAR

CULTIVE O AMOR E A HARMONIA NA FAMÍLIA 140
   29.1 PRECE/ORAÇÃO 140
   29.2 REFLEXÃO 141
   29.3 MENSAGEM 142
   29.4 FRASE DO DIA 143

IMERSÃO N.º 30: SILÊNCIO

ENCONTRE A PAZ E CLAREZA NO SILÊNCIO INTERIOR 144
   30.1 PRECE/ORAÇÃO 144
   30.2 REFLEXÃO 145
   30.3 MENSAGEM 146
   30.4 FRASE DO DIA 147

IMERSÃO N.º 31: RESILIÊNCIA

LEMBRE-SE DA SUA CAPACIDADE DE SUPERAR DESAFIOS..... 148
   31.1 PRECE/ORAÇÃO 148
   31.2 REFLEXÃO 149
   31.3 MENSAGEM 150
   31.4 FRASE DO DIA 151

IMERSÃO N.º 32: RENOVAÇÃO

CELEBRE A OPORTUNIDADE
DE RECOMEÇAR A CADA AMANHECER 152
   32.1 PRECE/ORAÇÃO 152
   32.2 REFLEXÃO 153
   32.3 MENSAGEM 154
   32.4 FRASE DO DIA 155

IMERSÃO N.º 33: **ESPÍRITO DE SERVIÇO**

SIRVA AOS OUTROS COM UM ESPÍRITO DE DEDICAÇÃO...... 156
   33.1 PRECE/ORAÇÃO 156
   33.2 REFLEXÃO 157
   33.3 MENSAGEM 158
   33.4 FRASE DO DIA 158

IMERSÃO N.º 34: **ABUNDÂNCIA INTERIOR**

RECONHEÇA QUE A VERDADEIRA
ABUNDÂNCIA RESIDE NO INTERIOR...................... 159
   34.1 PRECE/ORAÇÃO 159
   34.2 REFLEXÃO 160
   34.3 MENSAGEM 161
   34.4 FRASE DO DIA 162

IMERSÃO N.º 35: **RELACIONAMENTO**

CULTIVE RELAÇÕES GENUÍNAS COM AMOR E RESPEITO 163
   35.1 PRECE/ORAÇÃO 163
   35.2 REFLEXÃO 164
   35.3 MENSAGEM 165
   35.4 FRASE DO DIA 166

IMERSÃO N.º 36: **TRABALHO**

DEDIQUE-SE COM PAIXÃO E ESFORÇO AO SEU TRABALHO ... 167
   36.1 PRECE/ORAÇÃO 167
   36.2 REFLEXÃO 168
   36.3 MENSAGEM 170
   36.4 FRASE DO DIA 170

IMERSÃO N.º 37: **SAÚDE**

PRIORIZE HÁBITOS SAUDÁVEIS PARA
O BEM-ESTAR DO CORPO E MENTE........................... 171
   37.1 PRECE/ORAÇÃO 171
   37.2 REFLEXÃO 172
   37.3 MENSAGEM 174
   37.4 FRASE DO DIA 174

IMERSÃO N.º 38: **MENTALIDADE**

DESENVOLVA UMA MENTALIDADE POSITIVA PARA SUPERAR
DESAFIOS.. 175
   38.1 PRECE/ORAÇÃO 175
   38.2 REFLEXÃO 176
   38.3 MENSAGEM 177
   38.4 FRASE DO DIA 178

IMERSÃO N.º 39: **CRENÇAS LIMITANTES**

SUPERE CRENÇAS QUE LIMITAM SEU POTENCIAL 179
   39.1 PRECE/ORAÇÃO 179
   39.2 REFLEXÃO 180
   39.3 MENSAGEM 181
   39.4 FRASE DO DIA 182

IMERSÃO N.º 40: **PROCRASTINAÇÃO**

ENFRENTE A PROCRASTINAÇÃO COM AÇÃO IMEDIATA 183
   40.1 PRECE/ORAÇÃO 183
   40.2 REFLEXÃO 184
   40.3 MENSAGEM 185
   40.4 FRASE DO DIA 185

IMERSÃO N.º 41: **ANSIEDADE**

CULTIVE A SERENIDADE PARA ENFRENTAR A ANSIEDADE 186
   41.1 PRECE/ORAÇÃO 186
   41.2 REFLEXÃO 187
   41.3 MENSAGEM 188
   41.4 FRASE DO DIA 188

IMERSÃO N.º 42: **SENTIMENTOS**

EXPLORE E ACEITE SEUS SENTIMENTOS DE MANEIRA SAUDÁVEL . 189
   42.1 PRECE/ORAÇÃO 189
   42.2 REFLEXÃO 190
   42.3 MENSAGEM 191
   42.4 FRASE DO DIA 192

IMERSÃO N.º 43: **CUIDADO PESSOAL**

RESERVE TEMPO PARA CUIDAR DE SI MESMO COM CARINHO..193
   43.1 PRECE/ORAÇÃO 193
   43.2 REFLEXÃO 194
   43.3 MENSAGEM 195
   43.4 FRASE DO DIA 196

IMERSÃO N.º 44: **MEDO**

ENFRENTE O MEDO COM CORAGEM E DETERMINAÇÃO 197
   44.1 PRECE/ORAÇÃO 197
   44.2 REFLEXÃO 198
   44.3 MENSAGEM 199
   44.4 FRASE DO DIA 199

IMERSÃO N.º 45: **VIVER PLENAMENTE**

ABRACE CADA MOMENTO COMO UMA DÁDIVA PARA VIVER
PLENAMENTE 200
   45.1 PRECE/ORAÇÃO 200
   45.2 REFLEXÃO 201
   45.3 MENSAGEM 203
   45.4 FRASE DO DIA 204

IMERSÃO N.º 1
ACEITAÇÃO

ACEITE A SI MESMO E AOS OUTROS INCONDICIONALMENTE

1.1 PRECE/ORAÇÃO

Querido Deus, neste momento, sinto a tua presença invadindo o meu ser. Como é bom e agradável! Ao respirar profundamente, vou percebendo a sensação de alívio e conforto, pois vou me sentindo seguro e protegido a cada instante que respiro.

Com o silêncio desta manhã, ao despertar para um novo dia, abro meu coração ao divino que reside em mim e em tudo que me rodeia. Reconheço a presença sagrada que guia meus passos e ilumina meu caminho, enchendo meu ser de gratidão profunda.

Percebo a grandiosidade da tua criação, a magia que se revela a cada amanhecer. Aceito com gratidão esse presente precioso da vida, permitindo que a luz suave do sol acaricie minha alma e ilumine meu caminho.

Agradeço pelas bênçãos incontáveis que permeiam minha vida: pela dádiva da existência, pelo amor que me envolve, pelas oportunidades de crescimento e pelos desafios que me fazem mais forte. Agradeço pelos sorrisos que compartilho e pelas lágrimas que ensinam, pois cada experiência é um presente que molda minha jornada.

Quão maravilhoso é este momento sagrado na Tua presença. Peço humildemente por sabedoria para compreender os mistérios da vida, coragem para enfrentar os obstáculos com dignidade e compaixão para enxergar a luz no coração dos outros. Peço por paz interior para transcender as preocupações do dia a dia e por força para superar as adversidades que possam surgir.

Amado Criador, Senhor e Deus de toda geração! Que eu seja sensível às necessidades dos outros, um farol de esperança para aqueles que estão perdidos na escuridão. Que minhas palavras e ações sejam permeadas pelo amor e pela gentileza, refletindo a divindade que habita em mim. Que eu seja inspirado a criar um mundo melhor não apenas para mim, mas para todos ao meu redor.

Que neste despertar eu me conecte profundamente com a essência do universo, lembrando-me de que somos todos interligados, parte de um todo maior. Que eu viva com gratidão, amor e compaixão, honrando o divino em cada ser, e que minha jornada seja guiada pela luz do entendimento, amor e aceitação.

Reconheço-me como uma expressão única da tua divindade, feito à tua imagem e semelhança. Neste instante de clareza, permito que essa verdade resplandeça em mim, guiando-me a viver em harmonia com o universo e com meus semelhantes. Aceito também os outros como reflexos do teu amor, cultivando a compaixão e a empatia em meu coração.

Ao sentir a brisa suave da manhã acariciar minha pele, agradeço por cada respiração, por cada batida do meu coração. Reconheço a interconexão de todas as coisas, celebrando a teia invisível que nos une. Aceito o desafio de viver em equilíbrio com a natureza e comigo mesmo, honrando cada ser vivo e cada elemento que compõe este mundo magnífico.

Neste novo dia que se inicia, eu me entrego à tua vontade, confiando que estou exatamente onde devo estar. Aceito o fluxo da vida, com suas mudanças e transformações, sabendo que cada momento é uma oportunidade para aprender, crescer e evoluir. No calor dos primeiros raios de sol, renovo meu compromisso de viver com aceitação, gratidão e amor.

Que a luz do sol seja a tua presença constante em meu caminhar, guiando-me com clareza e propósito. Que a paz que sinto neste momento se expanda para cada aspecto da minha vida, irradiando harmonia, aceitação e amor para todos ao meu redor. Assim seja. Amém!

1.2 REFLEXÃO

Como aceitar a si mesmo e aos outros incondicionalmente?

Aceitar a si mesmo e aos outros incondicionalmente é um ato de profunda empatia e compreensão, que nos permite florescer como seres humanos e criar laços mais fortes em nossas relações. Muitas vezes, nossa sociedade nos leva a julgar e avaliar, a categorizar as pessoas com base em critérios superficiais, como aparência, origem, crenças ou escolhas de vida. No entanto, quando nos permitimos aceitar incondicionalmente, rompemos essas barreiras e abrimos a porta para a verdadeira conexão.

Ao aceitar a si mesmo incondicionalmente, você reconhece suas falhas, imperfeições e vulnerabilidades como parte integral de sua jornada. Você se liberta da autocrítica implacável e se permite crescer, aprender e se tornar a melhor versão de si mesmo. Esse autoamor e aceitação interior criam um alicerce sólido para relacionamentos saudáveis e significativos com os outros.

Quando estendemos essa aceitação incondicional aos outros, cultivamos um ambiente de respeito e compreensão. Compreendemos que todos têm suas próprias lutas, histórias e trajetórias de vida, e não é nossa posição julgá-los. Em vez disso, procuramos compreender, apoiar e ajudar uns aos outros em nossa jornada conjunta.

Aceitar incondicionalmente não significa necessariamente concordar com todas as escolhas ou ações de alguém, mas sim reconhecer sua humanidade, sua dignidade intrínseca e seu direito de ser quem é. Isso promove a tolerância, a diversidade e a harmonia em nossa sociedade.

No entanto, o ato de aceitar incondicionalmente não é isento de desafios. Requer prática, empatia e a capacidade de transcender preconceitos e estereótipos enraizados. Contudo, vale a pena o esforço, pois a aceitação incondicional abre portas para um mundo mais amoroso e compassivo, onde cada indivíduo é valorizado e respeitado.

Em última análise, aceitar a si mesmo e aos outros incondicionalmente é um ato de amor e humanidade. É um lembrete de que somos todos imperfeitos e, ao mesmo tempo, todos merecemos compreensão e compaixão. Ao abraçarmos essa filosofia, podemos construir relacionamentos mais saudáveis e uma sociedade mais inclusiva, onde todos têm a chance de florescer e crescer juntos.

1.3 MENSAGEM

Pelo trajeto da vida, aprendemos que a aceitação é a chave para a paz interior. Quando abraçamos quem somos e onde estamos, encontramos a serenidade que tanto buscamos. Não se trata de desistir ou conformar-se, mas sim de compreender que a aceitação é o primeiro passo para a transformação.

A partir desse lugar de amor-próprio e compreensão, podemos cultivar a força interior necessária para superar desafios, enfrentar adversidades e criar um futuro brilhante. Lembre-se, a aceitação não é fraqueza, é coragem. É o alicerce sobre o qual construímos nossa melhor versão. Mantenha-se firme, confie em si mesmo e saiba que, pela aceitação, você encontrará a paz que tanto deseja.

1.4 FRASE DO DIA

A aceitação é a chave para a paz interior.

IMERSÃO N.º 2
COMPREENSÃO

BUSQUE COMPREENDER AS EXPERIÊNCIAS DOS OUTROS

2.1 PRECE/ORAÇÃO

Divino Criador, neste momento de reflexão e prece, elevo minha voz em busca de tua orientação e sabedoria. Peço-te, Senhor, que ilumines meu coração e minha mente, ajudando-me a compreender as experiências dos outros de uma maneira profunda e compassiva.

Concede-me a graça de enxergar além das aparências, para que eu possa compreender as batalhas silenciosas que cada ser humano enfrenta. Ajuda-me a perceber as cicatrizes ocultas, os medos não ditos e as esperanças não reveladas que habitam nos corações de meus semelhantes.

Que minha busca pela compreensão seja movida pelo amor e pela empatia, pois reconheço que, ao entender as vivências alheias, posso estender a mão da solidariedade e do consolo. Que eu seja capaz de oferecer apoio e compreensão incondicional àqueles que atravessam tempestades e alegrias que eu possa não conhecer.

Senhor, guia-me para ouvir com atenção, falar com delicadeza e agir com compaixão. Que eu seja um farol de compreensão e aceitação, inspirando outros a compartilhar suas histórias e a encontrar alívio nas palavras partilhadas.

Que eu nunca julgue precipitadamente, mas busque sempre compreender, acolher e fortalecer aqueles que cruzam meu caminho. Ajuda-me a ser um instrumento de paz, amor e união, promovendo a harmonia em nossa jornada terrena.

Aproveito para Te agradecer pelas bênçãos da vida, pelas oportunidades de amar e ser amado, e pelos ensinamentos que cada encontro me proporciona. Agradeço pela dádiva da empatia, que me permite conectar-me com a humanidade de maneira profunda e significativa.

Hoje, eu Te peço, Senhor, que me concedas a graça de ser um canal de Tua compaixão e compreensão. Que eu seja capaz de elevar o nível de consciência, propagando o amor e a tolerância em todas as minhas interações. Ajuda-me a encontrar a sabedoria para lidar com os desafios que surgirem em meu caminho, e dá-me a força para superá-los com graça e gratidão. Assim seja. Amém!

2.2 REFLEXÃO

Como compreender as experiências dos outros?

Compreender as experiências dos outros é um desafio essencial e uma habilidade valiosa para a vida, que não só enriquece nossos relacionamentos, mas também contribui para um mundo mais harmonioso. Por isso, é de grande importância compreender o porquê das vivências alheias, como isso pode melhorar nossas vidas e como podemos aplicar esse princípio na prática.

Em primeiro lugar, é crucial entender que cada indivíduo carrega consigo um conjunto único de experiências, crenças, valores e desafios. Nossa perspectiva de vida é moldada por nossas vivências pessoais, culturais e sociais. Quando nos recusamos a compreender as experiências dos outros, perpetuamos a falta de empatia e o julgamento precipitado, que minam relacionamentos e criam divisões.

Ao compreendermos as experiências dos outros, abrimos as portas para uma comunicação mais significativa e para a construção de relacionamentos mais saudáveis. A empatia nos permite conectar de maneira mais profunda com as pessoas ao nosso redor, reconhecendo suas alegrias e desafios. Isso, por sua vez, nos ajuda a formar laços mais fortes e a construir uma rede de apoio social que enriquece nossas vidas.

Além disso, a compreensão das experiências dos outros é uma ferramenta poderosa para promover a paz e a harmonia em uma sociedade diversificada. O respeito mútuo e a aceitação das diferenças são fundamentais para criar um ambiente em que as pessoas se sintam valorizadas, independentemente de sua origem, gênero, religião ou orientação sexual. A compreensão mútua reduz os preconceitos e as tensões, abrindo caminho para um mundo mais inclusivo.

No entanto, compreender as experiências dos outros não é uma tarefa simples. Requer uma mente aberta e a capacidade de suspender o julgamento. Isso implica ouvir atentamente, fazer perguntas e mostrar interesse genuíno pelo que os outros têm a dizer. A prática da comunicação não violenta e a busca ativa por conhecimento sobre diferentes culturas e perspectivas são ferramentas valiosas nesse processo.

Nesse caso, compreender as experiências dos outros não é apenas uma virtude moral, mas uma habilidade que melhora a qualidade de nossas vidas e contribui para a construção de uma sociedade mais harmoniosa. Assim, a empatia, a paciência e a mente aberta nos permitem abraçar as experiências dos outros, fortalecer relacionamentos e criar um mundo onde todos são respeitados e valorizados, independentemente de suas diferenças.

Com isso, devemos nos esforçar continuamente para desenvolver e aplicar essa habilidade em nossas vidas, buscando o melhor para nós mesmos e para a humanidade como um todo.

2.3 MENSAGEM

A vida nos ensina que a compreensão é a chave para construir pontes entre corações. À medida que caminhamos por nosso trajeto, encontramos pessoas com experiências e perspectivas diversas. Quando abrimos nossos corações para entender o que está no coração dos outros, cultivamos a empatia e a harmonia.

Nas relações e interações diárias, lembremos que a compreensão não apenas une almas, mas também nutre nosso próprio crescimento. Ao buscarmos compreender, aprendemos, evoluímos e ampliamos nossos horizontes. Essa é a verdadeira riqueza da vida: construir pontes que nos conectem uns aos outros e ao nosso próprio eu interior.

Portanto, lembre-se, a compreensão não é apenas uma virtude, mas uma lição de vida que nos guia para um mundo de aceitação e amor. Cultive a compreensão, e você construirá pontes que resistirão ao teste do tempo, enriquecendo não apenas as vidas dos outros, mas também a sua própria.

2.4 FRASE DO DIA

A compreensão constrói pontes entre corações.

IMERSÃO N.º 3
PRESENÇA

ESTEJA PRESENTE NO MOMENTO, TOTALMENTE E SEM JULGAMENTOS

3.1 PRECE/ORAÇÃO

Senhor, neste momento de quietude e reflexão, venho diante de Ti com humildade e gratidão, buscando compreender a essência da vida em sua plenitude. Peço a Tua orientação para estar verdadeiramente presente, sem distrações ou julgamentos, abrindo meu coração à consciência profunda de cada instante.

Concede-me, Senhor, a sabedoria para compreender a complexidade dos meus sentimentos e emoções, guiando-me para aceitar cada um deles com amor e compaixão. Que eu possa abraçar a simplicidade da existência, encontrando beleza nas pequenas coisas e gratidão nos gestos cotidianos.

Ajuda-me a cultivar um pensamento presente, liberando-me das amarras do passado e das ansiedades do futuro. Que eu possa viver plenamente neste momento, mergulhando na riqueza da experiência presente, reconhecendo-a como uma dádiva preciosa.

Senhor, ensina-me a viver em abundância, não apenas na prosperidade material, mas também na abundância de amor, compaixão e paz. Que eu possa ver além das necessidades superficiais e compreender as verdadeiras riquezas que residem na conexão humana, na empatia e na generosidade de espírito.

Revela-me, Senhor, a necessidade de mudança em minha vida, capacitando-me para abraçar as transformações com coragem e fé. Que eu possa ser guiado pelo Teu divino amor, encontrando força na vulnerabilidade e crescimento na adversidade.

Que a Tua luz ilumine meu caminho, capacitando-me a viver cada momento com presença, consciência e gratidão. Que eu possa ser uma testemunha da maravilha da vida, abraçando-a com o coração aberto, sem julgamentos, e celebrando cada instante como uma oportunidade de aprendizado e crescimento. Assim seja. Amém!

3.2 REFLEXÃO

Como estar presente no momento, totalmente e sem julgamento?

Estar presente no momento, totalmente e sem julgamento, é um desafio que muitos de nós enfrentamos em nossa vida agitada e cheia de distrações. No entanto, essa habilidade de estar verdadeiramente presente no aqui e agora é fundamental para viver uma vida plena e significativa. Para isso, devemos observar algumas estratégias para alcançar essa presença consciente e livre de julgamentos.

Primeiramente, a chave para estar presente é a atenção plena, o que envolve direcionar sua consciência para o momento presente, observando seus pensamentos, emoções e sensações corporais sem julgamento. É um exercício de autoconhecimento que nos ajuda a compreender melhor a nós mesmos e o mundo ao nosso redor.

Uma maneira de praticar a atenção plena é dedicar momentos específicos do seu dia para a meditação. Durante a meditação, você se concentra em sua respiração, no ambiente ao seu redor ou em algum aspecto sensorial, como o tato. Isso ajuda a treinar sua mente para se desligar das preocupações do passado e do futuro, criando um espaço mental para simplesmente ser.

Além da meditação formal, você pode incorporar a atenção plena em suas atividades diárias. Quando estiver comendo, por exemplo, dedique sua atenção ao sabor, textura e cheiro dos alimentos, sem distrações como a televisão ou o smartphone. Isso o ajuda a apreciar verdadeiramente a experiência de comer e estar presente no momento.

Outra estratégia importante é o desapego do julgamento. Julgar é uma tendência natural da mente, mas também pode nos afastar do presente. Quando julgamos, estamos constantemente rotulando as experiências como boas ou más, criando expectativas e condicionando nossas reações. No entanto, estar presente requer aceitar cada momento como ele é, sem julgar.

Para praticar o desapego do julgamento, é útil lembrar que o passado já passou, e o futuro é incerto. O que temos é o agora, e julgar o momento presente nos impede de aproveitar plenamente a experiência. A aceitação e o perdão são partes essenciais desse processo, pois permitem que você se liberte das cargas do passado e se abra para o presente sem restrições.

Além disso, a gratidão desempenha um papel fundamental em estar presente. Reconhecer e apreciar as pequenas alegrias da vida e as dádivas do presente é uma maneira poderosa de se conectar com o momento atual. Cultivar a gratidão nos lembra que a vida é repleta de momentos preciosos que merecem ser vividos com atenção plena.

Em resumo, estar presente no momento, totalmente e sem julgamento, é uma habilidade que pode ser desenvolvida com prática e intenção. A atenção plena, o desapego do julgamento e a gratidão são ferramentas poderosas que nos ajudam a experimentar a vida de maneira mais rica e significativa. Ao abraçarmos o presente com mente aberta e coração grato, encontramos a verdadeira essência da existência e vivemos uma vida mais plena e enriquecedora.

3.3 MENSAGEM

Estar totalmente presente é despir-se das preocupações que nos consomem e abrir-se para a beleza simples da existência. É respirar profundamente e apreciar os pequenos detalhes que muitas vezes passam despercebidos: o calor do sol no rosto, o cheiro da chuva fresca, o som calmante das folhas ao vento.

Ao nos entregarmos ao momento presente, encontramos a paz interior que tanto procuramos. Deixamos para trás as âncoras do passado e as incertezas do futuro, nos tornando leves como plumas, prontos para dançar com os ventos da vida.

Então, lembre-se: a verdadeira liberdade está em estar totalmente presente. Deixe-se envolver pelo momento, sinta a liberdade em cada respiração e abrace a plenitude da vida que se desdobra diante de você. Nesse estado de presença, descobrimos a verdadeira essência da liberdade, a liberdade de ser, de sentir e de viver intensamente.

3.4 FRASE DO DIA

A verdadeira liberdade está em estar totalmente presente.

IMERSÃO N.º 4
HUMILDADE

RECONHEÇA A SABEDORIA NA HUMILDADE

4.1 PRECE/ORAÇÃO

Meu Deus, como Tu és maravilhoso. Como é bom sentir a tua suave presença nesta manhã que se inicia. Este sol que toca meu rosto enche meu coração de paz e alegria e sinto o quanto a tua sabedoria é espalhada pela Terra. Assim como as flores se inclinam humildemente para receber a luz, ajuda-me a curvar-me em humildade diante de Ti, reconhecendo que, em minha pequenez, encontro a verdadeira grandeza.

Ao aprender com a natureza, vejo que a humildade é como uma semente plantada na terra fértil do coração. Ela cresce, floresce e se transforma em árvore, cujos frutos são a sabedoria que alimenta a alma. Ensina-me, Pai, a extrair a sabedoria da humildade, a encontrar riqueza na simplicidade e a força na entrega.

Assim como a terra acolhe a chuva com gratidão, eu acolho as Tuas bênçãos e lições, sabedoria, prosperidade e toda riqueza. Ajuda-me a aprender com cada desafio, a crescer com cada experiência e a compartilhar o amor que Tu me deste com o mundo ao meu redor.

Pai, que minha vida seja uma oração silenciosa, uma expressão de humildade e gratidão. Que eu possa refletir a Tua luz como o sol da manhã, iluminando o caminho para outros. Que eu possa ser uma testemunha da Tua sabedoria, ensinando aos outros que a verdadeira grandeza é encontrada na humildade e na entrega a Ti.

Abençoa-me, Senhor, com a força para superar o orgulho e a vaidade, e ajuda-me a abraçar a humildade como um tesouro precioso. Que eu possa seguir os passos de Cristo, encontrando a verdadeira grandeza no serviço aos outros e na busca constante da sabedoria que só Tu podes me dar.

Mergulha Teu olhar para dentro de mim, ajuda-me a encontrar a força para admitir meus erros e falhas, a coragem para enfrentar minhas fraquezas e a sabedoria para aceitar as lições que a vida me oferece. Que eu possa ser como uma folha ao vento, flexível diante das mudanças, mas enraizada na humildade que vem de Teu amor incondicional.

Com humildade, entrego a Ti minhas preocupações e anseios, confiante de que a Tua sabedoria supera qualquer entendimento humano. Que eu possa continuar a crescer em Tua graça, reconhecendo a verdadeira riqueza que reside na humildade diante de Ti. Assim seja. Amém!

4.2 REFLEXÃO

Como reconhecer a sabedoria na humildade?

A sabedoria é um conceito multifacetado que tem sido objeto de reflexão e busca em todas as culturas ao longo da história. Muitas vezes, associamos a sabedoria àqueles que possuem grande conhecimento ou experiência em determinadas áreas. No entanto, a verdadeira sabedoria transcende a mera acumulação de informações e se manifesta de maneira notável na humildade. Reconhecer a sabedoria na humildade é uma jornada de autodescoberta que nos ensina lições inestimáveis sobre a vida, os relacionamentos e o próprio eu.

A humildade, em seu núcleo, é a capacidade de reconhecer nossa própria limitação e imperfeição. É a disposição de aprender com os outros, aceitar a crítica construtiva e reconhecer que não detemos todas as respostas. A verdadeira sabedoria emerge quando uma pessoa é humilde o suficiente para admitir que ainda tem muito a aprender, não importa o quão experiente ou educada ela seja.

A primeira maneira de reconhecer a sabedoria na humildade é observar a disposição de ouvir. Pessoas verdadeiramente sábias não monopolizam conversas, mas ouvem atentamente as perspectivas dos outros. Elas entendem que cada indivíduo tem uma visão única do mundo e que há sabedoria a ser extraída de cada experiência de vida. A humildade abre espaço para aprender com as histórias, conhecimento e perspectivas dos outros.

Além disso, a humildade permite que reconheçamos que o conhecimento e a compreensão podem evoluir com o tempo. Aqueles que são verdadeiramente sábios não ficam presos em suas crenças e opiniões, mas estão dispostos a reavaliá-las à medida que novas informações e experiências surgem. Eles entendem que a busca pela verdade e pela sabedoria é uma jornada contínua.

A humildade também se manifesta na capacidade de admitir erros e falhas. Pessoas sábias não têm medo de reconhecer quando estão erradas, pois compreendem que o aprendizado e o crescimento frequentemente ocorrem a partir das experiências de fracasso. Aceitar a própria vulnerabilidade e falibilidade é uma característica marcante da humildade e, por extensão, da sabedoria.

A empatia é outra qualidade que se entrelaça com a humildade e a sabedoria. Quando somos humildes o suficiente para reconhecer que todos enfrentam desafios e lutas, desenvolvemos a capacidade de ser empáticos e compreensivos em relação aos outros. A empatia nos ajuda a estabelecer conexões mais significativas e a aprender com as experiências alheias.

Em suma, a verdadeira sabedoria é inseparável da humildade. Reconhecer a sabedoria na humildade envolve a disposição de ouvir os outros, aprender com suas perspectivas, admitir erros e falhas, buscar a verdade continuamente e praticar a empatia. À medida que buscamos essa sabedoria, tornamo-nos melhores seres humanos, mais abertos ao aprendizado, mais compreensivos em nossas interações e mais dispostos a crescer e evoluir. É na humildade que encontramos a verdadeira riqueza da sabedoria.

4.3 MENSAGEM

Em um mundo frequentemente obcecado pela busca da grandeza e do reconhecimento, é fácil esquecer que a verdadeira grandeza reside na humildade. Aqueles que conseguem se humilhar diante da vida, dos outros e de si mesmos estão destinados a alcançar as maiores alturas.

A humildade não é sinal de fraqueza, mas sim de força interior. É a capacidade de reconhecer que somos todos aprendizes na escola da vida, que erramos e que temos muito a aprender. Quando nos humilhamos, nos abrimos para o conhecimento e para as lições que a vida tem a oferecer.

Em vez de buscar aplausos e reconhecimento, os humildes buscam o bem comum, o crescimento pessoal e a harmonia. Eles não medem seu valor pelo que possuem ou pelo poder que exercem, mas pelo impacto que têm nas vidas dos outros. A verdadeira grandeza é medida não pelos feitos pessoais, mas pela capacidade de elevar aqueles ao nosso redor.

A humildade nos permite enxergar a beleza na simplicidade e o conhecimento na humildade. Ela nos capacita a aceitar críticas construtivas, a aprender com nossos erros e a crescer como seres humanos. É o caminho para a verdadeira grandeza, pois nos leva a um estado de serenidade, compaixão e sabedoria.

Então, lembremos sempre que a humildade é o caminho para a verdadeira grandeza. Sejamos humildes em nossas jornadas, reconhecendo que a grandeza reside não na ostentação, mas na capacidade de amar, servir e aprender. Encontremos a grandeza na simplicidade, na empatia e na busca constante por sermos melhores a cada dia.

4.4 FRASE DO DIA

A humildade é o caminho para a verdadeira grandeza.

IMERSÃO N.º 5
ESPERANÇA

CULTIVE A ESPERANÇA, MESMO NAS SITUAÇÕES MAIS DIFÍCEIS

5.1 PRECE/ORAÇÃO

Amado Deus, em Tua presença, elevo minha alma em uma oração de profunda gratidão e esperança. Reconheço a Tua divindade, a luz que guia meus passos e a fonte inesgotável de amor puro que permeia todas as coisas.

Agradeço, ó Criador, por cada sopro de esperança que semeias em meu coração, mesmo nos momentos mais desafiadores. És a razão pela qual meus olhos brilham com a promessa de um novo amanhecer, e meu coração pulsa com a certeza de que, em Teu amor, encontro a verdadeira fonte da esperança.

Que o reconhecimento Divino seja a melodia que embala minha alma, lembrando-me de que sou feito à imagem do Teu amor eterno. Em Tua grandiosidade, percebo a chama da esperança que arde incessantemente, iluminando os recantos mais obscuros de minha trajetória.

Amor puro e Divino, guia-me para além das superficialidades da vida terrena, revelando-me a essência verdadeira da bondade e da fraternidade. Que eu possa espalhar o amor que recebo, cultivando uma irmandade que transcende fronteiras e conecta todos os corações em uma teia de compaixão.

Agradeço pela bondade que permeia a criação, pelas dádivas diárias que me cercam e pela oportunidade de compartilhar esse amor com meus semelhantes. Em momentos de dúvida, que a esperança me lembre do Teu eterno plano de amor, e que eu possa ser um instrumento da Tua bondade neste mundo.

Que, em minha jornada, a fraternidade floresça como um jardim abençoado por Tuas mãos generosas. Que eu possa estender minhas mãos em solidariedade, construindo pontes que superam diferenças e fortalecem os laços que nos unem como uma única família humana.

Em Tua infinita sabedoria e amor, confio e agradeço. Que a esperança, o reconhecimento Divino, o amor puro, a gratidão, a bondade e a fraternidade se entrelacem em um manto de bênçãos que permeie minha vida e ilumine o caminho para um futuro repleto de paz e harmonia. Assim seja. Amém!

5.2 REFLEXÃO

Por que cultivar a esperança, mesmo nas situações mais difíceis?

Vivemos em um mundo repleto de desafios, onde a incerteza e a adversidade muitas vezes parecem ser elementos intrínsecos à nossa existência. Em meio a tempestades pessoais e sociais, surge a indagação sobre a importância de cultivar a esperança, mesmo nas situações mais difíceis. A resposta a essa questão transcende as contingências cotidianas e revela-se como uma força motriz capaz de transformar a própria natureza humana.

A esperança, como semente plantada no solo fértil da alma, é um catalisador poderoso diante das adversidades. Ela atua como um farol, rompendo as trevas da incerteza e iluminando os caminhos mais obscuros. Ao mantermos viva a chama da esperança, mesmo quando os ventos da desesperança sopram com intensidade, somos capacitados a enfrentar os momentos difíceis com uma resiliência que transcende as circunstâncias.

Nas situações mais desafiadoras, a esperança emerge como uma aliada valiosa, promovendo a perseverança e estimulando a busca por soluções. Ela não é mera utopia, mas uma força dinâmica que impulsiona a ação construtiva e o pensamento positivo. Cultivar a esperança é, portanto, investir na própria capacidade de superação e no poder transformador que reside dentro de cada ser humano.

Além disso, a esperança age como um bálsamo para a alma, proporcionando alívio em meio às tormentas emocionais. Ela é um antídoto contra a resignação e o desespero, motivando a construção de pontes sobre os abismos da desilusão. Ao nutrirmos a esperança, fortalecemos nossa saúde mental, alimentando a mente com pensamentos construtivos e a crença de que dias melhores estão por vir.

A sociedade, por sua vez, beneficia-se imensamente do cultivo coletivo da esperança. Em meio a desafios sociais, econômicos ou políticos, é a esperança que impulsiona movimentos de transformação e solidariedade. A história testemunha que as maiores mudanças ocorrem quando indivíduos e comunidades se unem na convicção de que podem superar as adversidades e construir um futuro mais promissor.

Dessa forma, cultivar a esperança nas situações mais difíceis não é apenas uma escolha sábia, mas uma necessidade intrínseca à condição humana. A esperança é um farol que guia, uma força que impulsiona e um elixir que cura. Diante das tempestades da vida, é ela que nos recorda que, mesmo nas noites mais escuras, o amanhecer está à espreita, pronto para revelar novas oportunidades e renovação. Portanto, que, em meio aos desafios, possamos semear e regar a esperança em nossos corações, cultivando um terreno propício para colher os frutos da resiliência e da transformação pessoal e coletiva.

5.3 MENSAGEM

Nas noites escuras da vida, em que as sombras da incerteza se estendem, lembre-se: a esperança é o farol que ilumina o caminho da sua alma. Ela não apenas dissipa a escuridão, mas também revela o potencial de um novo amanhecer.

Em seus momentos mais difíceis, permita que a esperança seja a força que o impulsiona para frente. Ela é a centelha dentro de você que se recusa a apagar, mesmo diante dos ventos contrários. Cultive essa chama com a certeza de que ela é mais resistente do que qualquer tempestade.

Lembre-se sempre: você é um navegante destemido, e a esperança é o farol que guia sua jornada. Que ela o conduza com coragem, propósito e a certeza de que, mesmo nas noites mais escuras, o amanhecer aguarda com suas promessas renovadas. Siga a luz da esperança, pois ela é a bússola que aponta para um futuro repleto de possibilidades e realizações. Que sua alma siga esse farol, e que ele ilumine o seu caminho com brilho e serenidade.

5.4 FRASE DO DIA

A esperança é o farol que ilumina o caminho da alma.

IMERSÃO N.º 6
RESPONSABILIDADE

ASSUMA A RESPONSABILIDADE POR SUA FELICIDADE E AÇÃO

6.1 PRECE/ORAÇÃO

Meu Senhor e meu Deus, mais uma vez, diante da Tua maravilhosa presença, ergo minha alma em gratidão pela dádiva da responsabilidade que permeia cada fibra do meu ser. Que a luz da Tua sabedoria permaneça iluminando minha mente e meu coração, capacitando-me cada vez mais a ser um guardião consciente do futuro que teces para mim.

Inspira-me a assumir plenamente a responsabilidade por cada pensamento que habita minha mente e por cada emoção que pulsa em meu coração. Que eu compreenda que, nas escolhas que faço, eu lanço as pedras que moldam o caminho que trilho.

Que eu seja como um jardineiro da minha própria felicidade, plantando sementes de gratidão, amor-próprio e compreensão. Que cada ação seja um ato consciente de criação, construindo um cenário onde a alegria floresce abundantemente.

Assumo, com coragem, a responsabilidade por transformar desafios em oportunidades de crescimento. Que eu veja cada obstáculo como uma lição sagrada, um convite para expandir minha consciência e fortalecer minha determinação.

Que a responsabilidade seja a chama que ilumina meu caminho nos momentos de escuridão, lembrando-me de que sou o capitão da minha própria nave, navegando nas águas da vida com confiança e sabedoria.

Hoje, sinto, no sagrado silêncio do meu eu, que ser responsável não é apenas cumprir obrigações, mas é também um chamado para cuidar da criação que me rodeia. Por isso, inspira-me a estender minha mão com compaixão, a ser um instrumento do Teu amor no serviço aos outros.

Que eu seja guiado pela Tua infinita sabedoria em minhas relações, reconhecendo o impacto das minhas palavras e ações na mente e no coração daqueles que me rodeiam. Que minha presença seja um farol, irradiando a luz da responsabilidade e inspirando outros a assumirem o leme das próprias vidas.

Assim, que, ao despertar a cada novo amanhecer, a responsabilidade seja para mim uma luz que guia meus passos. Que eu possa enfrentar os desafios com coragem, sabendo que em minhas mãos reside o poder de criar uma realidade plena de bênçãos e realizações sob Teu olhar e graça. Assim seja. Amém!

6.2 REFLEXÃO

Por que assumir a responsabilidade por sua felicidade e ação?

Vivemos em uma era marcada por mudanças aceleradas, onde as pressões externas muitas vezes parecem moldar o curso de nossas vidas. No entanto, em meio a essa complexidade, emerge uma verdade fundamental e transformadora: a responsabilidade pessoal pela felicidade e ação é um alicerce sólido para construir uma vida plena e significativa.

Assumir a responsabilidade pela própria felicidade é mais do que um mero lema motivacional; é uma escolha consciente de rejeitar a passividade diante das circunstâncias. Ao reconhecermos que somos os principais arquitetos do nosso destino emocional, liberamos um poder interior que transcende as adversidades. A felicidade não é apenas um estado de ser, mas uma jornada moldada por escolhas cotidianas.

A ação, intrinsecamente ligada à responsabilidade, é o motor que impulsiona a manifestação dos nossos sonhos e objetivos. Quando assumimos a responsabilidade por nossas ações, deixamos de ser meros espectadores da vida e nos tornamos protagonistas ativos. Cada passo dado em direção aos nossos objetivos é uma afirmação do nosso compromisso com a construção de um futuro desejado.

A responsabilidade pessoal também fortalece as relações interpessoais. Ao compreendermos que nossas ações impactam não apenas a nós mesmos, mas também aqueles que nos rodeiam, cultivamos empatia e respeito. Essa consciência interconectada contribui para o florescimento de comunidades mais saudáveis e solidárias.

Além disso, a responsabilidade pela própria felicidade e ação promove a resiliência diante dos desafios. Em vez de sucumbir ao vitimismo, percebemos que, mesmo nas situações mais difíceis, temos o poder de escolher como reagir. Essa mentalidade robusta não apenas nos fortalece individualmente, mas também serve como inspiração para aqueles que enfrentam adversidades semelhantes.

Dessa forma, assumir a responsabilidade pela própria felicidade e ação é um convite para uma vida autêntica e realizadora. É uma declaração audaciosa de que, independentemente das circunstâncias externas, somos capazes de forjar um destino alinhado com nossos valores mais profundos. Nessa jornada de autodescoberta e crescimento, encontramos a verdadeira essência da vida plena e significativa.

6.3 MENSAGEM

Na trama da existência, a responsabilidade é o fio dourado que tece os momentos significativos e forja o alicerce de uma vida verdadeiramente plena. É a luz que guia nossos passos, transformando escolhas aparentemente comuns em epifanias de autodescoberta.

Ao abraçarmos a responsabilidade, abrimos as portas para um caminho de propósito e significado. Cada ação consciente é como uma pedra cuidadosamente colocada, construindo não apenas o edifício da nossa jornada, mas também influenciando positivamente o mundo ao nosso redor.

Assumir a responsabilidade não é apenas aceitar o peso dos nossos deveres, mas também reconhecer o poder transformador que reside em nossas mãos. É o compromisso de moldar ativamente o destino, de sermos arquitetos ousados dos nossos sonhos e agentes de mudança benevolentes.

Que a responsabilidade seja a estrela-guia que ilumina os dias mais sombrios, recordando-nos constantemente que somos capazes de criar beleza a partir dos desafios. Que cada decisão, por menor que seja, seja tomada com a consciência de que estamos esculpindo o nosso legado, deixando uma marca indelével na tapeçaria do tempo.

Que possamos, com gratidão, abraçar a responsabilidade como um presente precioso. Pois é por meio dela que descobrimos o poder da autenticidade, a alegria de contribuir para algo maior que nós mesmos, e, em última análise, o significado que permeia uma vida bem vivida.

Que a responsabilidade seja a canção que embala nossos dias, a chama que aquece nossos corações e o farol que nos guia rumo a uma vida repleta de significado e propósito.

6.4 FRASE DO DIA

A responsabilidade é o alicerce de uma vida significativa.

IMERSÃO N.º 7
EMPATIA

COLOQUE-SE NO LUGAR DOS OUTROS PARA ENTENDER VERDADEIRAMENTE

7.1 PRECE/ORAÇÃO

Amado Deus, neste momento de reflexão, volto-me a Ti em busca de inspiração e força. Ajuda-me, Pai, a cultivar a virtude da empatia em meu coração. Que eu possa verdadeiramente me colocar no lugar dos outros, compreendendo suas lutas, celebrando suas alegrias e partilhando de suas jornadas.

Senhor, capacita-me a enxergar além das aparências, a transcender as diferenças que nos separam. Que a empatia seja minha bússola, guiando-me na compreensão profunda das experiências alheias. Que eu veja, com olhos de compaixão, as histórias que se desenrolam ao meu redor.

Hoje, peço forças para abraçar a diversidade, para aceitar as peculiaridades que fazem de cada um de nós uma obra singular. Que, ao me colocar no lugar dos outros, eu descubra conexões que ultrapassam as barreiras da superficialidade.

Senhor, que a empatia seja a força propulsora de meu crescimento pessoal. Que eu aprenda, por meio da compreensão mútua, a ser uma fonte de amor e encorajamento para aqueles que cruzam meu caminho.

Dá-me, oh Deus, a paciência necessária para ouvir com atenção, a sabedoria para discernir as necessidades escondidas e a graça para ser uma luz na escuridão da solidão.

Que cada ato de empatia seja uma semente plantada, destinada a florescer em relacionamentos saudáveis e duradouros. Capacita-me a ser um agente de mudança, construindo pontes de compreensão onde antes existiam muros de desconhecimento.

Em Tua infinita sabedoria, orienta-me na jornada da empatia. Que, ao me colocar no lugar dos outros, eu seja transformado e que, a partir dessa transformação, possa ser uma bênção na vida daqueles que toco.

Com fé e gratidão, entrego a Ti esta prece, confiante de que, ao buscar compreender verdadeiramente, serei fortalecido para enfrentar os desafios e inspirar outros a fazerem o mesmo. Assim seja. Amém!

7.2 REFLEXÃO

Por que se colocar no lugar dos outros para entender verdadeiramente?

Vivemos em um mundo diverso, onde as experiências de cada indivíduo moldam sua perspectiva única da realidade. Em meio a essa riqueza de vivências, destaca-se a necessidade crucial de praticar a empatia, de nos colocarmos no lugar dos outros para compreendê-los verdadeiramente.

A empatia, longe de ser apenas uma virtude superficial, revela-se como um instrumento vital para a construção de relações humanas significativas. Ao abandonarmos temporariamente nosso ponto de vista e abraçarmos a perspectiva alheia, desbloqueamos portas para uma compreensão mais profunda e autêntica.

Ao nos colocarmos no lugar dos outros, ampliamos nossa visão de mundo. A riqueza das experiências alheias nos desafia a abandonar nossos próprios preconceitos e a apreciar a complexidade que caracteriza cada jornada individual. Essa expansão de perspectiva, por sua vez, promove um entendimento mais holístico da condição humana.

Além disso, a empatia é o alicerce sobre o qual se erguem relacionamentos autênticos. Ao nos esforçarmos para compreender as emoções e desafios enfrentados por nossos semelhantes, construímos laços fundamentados na compreensão mútua. Essa conexão empática não só fortalece os vínculos interpessoais, mas também contribui para a formação de comunidades mais unidas.

A falta de compreensão, muitas vezes, alimenta conflitos e estigmatizações. Colocar-se no lugar dos outros emerge como um antídoto poderoso para essas tensões. Ao reconhecer as motivações e desafios que moldam as ações de cada indivíduo, criamos um terreno fértil para a resolução pacífica de conflitos e para o desmantelamento de estereótipos prejudiciais.

Ademais, essa prática não apenas beneficia as relações externas, mas também promove um crescimento pessoal significativo. A empatia, quando cultivada, desafia-nos a sair da zona de conforto, a praticar a escuta ativa e a adotar uma postura mais aberta e tolerante diante das complexidades humanas.

Diante desse panorama, fica claro que se colocar no lugar dos outros não é apenas uma escolha ética, mas uma necessidade imperativa em uma sociedade diversificada. Ao abraçarmos a empatia como uma prática constante, construímos pontes em vez de muros, cultivamos compreensão em vez de discordância e, assim, contribuímos para um mundo onde a verdadeira compreensão entre os seres humanos é o alicerce da coexistência pacífica e enriquecedora.

7.3 MENSAGEM

Em meio aos desafios e complexidades do mundo em que vivemos, há uma força transformadora que muitas vezes subestimamos: a empatia. Ela não é apenas uma virtude, mas um alicerce que cria pontes onde a compreensão floresce.

Imagine um mundo onde cada olhar é carregado de compaixão, onde cada gesto é tingido pela compreensão mútua. Essa visão, embora pareça utópica, é possível por meio da prática constante da empatia.

A empatia é como um feixe de luz que atravessa as nuvens da incompreensão, iluminando os corações e mentes. Quando nos permitimos enxergar a realidade pelos olhos do outro, construímos pontes invisíveis que nos conectam uns aos outros.

Essas pontes são feitas de compreensão, paciência e aceitação. Elas nos permitem atravessar as distâncias que separam as experiências individuais e nos unirmos em um terreno comum de humanidade. A empatia não exige que concordemos em tudo, mas nos desafia a reconhecer e respeitar as jornadas singulares que cada pessoa traz consigo.

Cada vez que escolhemos praticar a empatia, estamos plantando sementes de compreensão. Essas sementes crescem em laços mais fortes, em relacionamentos mais significativos. Em vez de construir barreiras, a empatia ergue pontes que resistem às tempestades da desconfiança e da divisão.

Que possamos, juntos, ser arquitetos dessas pontes. Que nossas palavras e ações reflitam a compreensão profunda que nasce da empatia. Ao fazermos isso, contribuímos para um mundo onde a compreensão floresce, transformando-o em um jardim de respeito, tolerância e amor.

Lembremos sempre: a empatia não é apenas uma qualidade admirável; é a chave que abre portas para um futuro mais harmonioso. Que nossas escolhas diárias sejam guiadas por essa força poderosa, construindo pontes que tornam possível a compreensão florescer em cada interação.

7.4 FRASE DO DIA

A empatia cria pontes onde a compreensão floresce.

IMERSÃO N.º 8
PRESERVAÇÃO

HONRE E PROTEJA A NATUREZA QUE NOS SUSTENTA

8.1 PRECE/ORAÇÃO

Oh, Criador Divino, neste momento de tranquilidade, elevo minha voz a Ti, reconhecendo a majestade da tua criação que se desdobra diante de mim. Sejam as maravilhas do mar que se estende até o horizonte, o vento que sempre acaricia a minha pele, o raio de sol que aquece a Terra e ainda ilumina o meu caminho, seja o cântico suave dos pássaros que enche o ar e a vegetação que se ergue em respeito à tua grandiosidade.

Por isso, Senhor, eu Te peço a capacidade de desenvolver em mim, ainda mais, o sentimento profundo de poder honrar e preservar a natureza que sustenta todos nós. Concede-me a compreensão de que cada elemento, cada criatura, é um testemunho do teu esplendor, uma expressão viva do Teu amor.

Que eu possa ser um guardião dedicado, um fiel protetor desta dádiva preciosa. Dá-me a sabedoria para perceber a delicada harmonia que permeia cada brisa, cada onda, cada raio de sol e cada folha que dança ao sabor do vento e cantar das aves.

Permite que o meu coração se alinhe com o propósito sagrado de preservar a beleza e a integridade da tua criação. Que eu seja fortalecido pelo compromisso de agir com respeito, responsabilidade e gratidão, como um guardião que cuida com amor do tesouro que Tu confiaste à humanidade.

Assim, Senhor, em comunhão direta contigo, prometo dedicar-me à preservação da natureza, agradecendo-te por cada manifestação da tua grandiosa obra. Que cada gesto meu seja uma prece de respeito pela vida, uma expressão de amor pela tua criação, que nos nutre e sustenta.

Que a consciência da necessidade de preservação seja como uma luz brilhante em meu coração, orientando-me a fazer escolhas que beneficiem não apenas o presente, mas também as gerações futuras. Que eu seja um instrumento de tua vontade, Senhor, agindo com sabedoria e compaixão para proteger este lar abençoado. Assim seja. Amém!

8.2 REFLEXÃO

Por que honrar e proteger a Natureza que nos sustenta?

É certo que vivemos em um mundo onde a interconexão entre a humanidade e a natureza é inegável e vital. A terra, com toda a sua diversidade de ecossistemas, não é apenas um mero cenário ou palco para nossas vidas, mas a fonte essencial que sustenta nossa existência. Assim, honrar e proteger a natureza não é apenas uma escolha ética; é um imperativo para a sobrevivência sustentável da humanidade.

Não obstante, a natureza é a provedora fundamental de recursos essenciais para nossa subsistência. Desde alimentos até medicamentos, passando pela água potável e o ar que respiramos, dependemos intrinsecamente dos ecossistemas saudáveis para atender às nossas necessidades mais básicas. Ignorar a importância de preservar esses recursos é comprometer diretamente nossa qualidade de vida e a das gerações futuras.

Além disso, a biodiversidade que caracteriza a natureza não é apenas um espetáculo visual ou um show de talentos, mas a base de nossa própria diversidade e resiliência como espécie. Cada planta, animal e microrganismo desempenha um papel crucial na manutenção do equilíbrio ecológico. A perda de qualquer componente desse intricado sistema pode desencadear efeitos em cascata, comprometendo a estabilidade ambiental e, por conseguinte, a nossa própria estabilidade.

Entenda que a honra à natureza não se limita apenas ao aspecto prático de sua utilidade para os seres humanos. Ela está enraizada em uma ética mais ampla de respeito e responsabilidade para com o planeta que chamamos de lar.

A natureza possui uma intrínseca beleza e complexidade que merecem ser preservadas por si mesmas, independentemente de seu valor utilitário para nós. Ao honrarmos a natureza, reconhecemos que somos apenas uma parte de um todo muito maior, e nossa sobrevivência está entrelaçada com o equilíbrio delicado desse todo.

Assim, honrar e proteger a natureza não é apenas uma opção, mas uma necessidade urgente. A saúde e a prosperidade da humanidade estão essencialmente ligadas à saúde e prosperidade da natureza que nos sustenta. Por isso, ao adotarmos uma abordagem de respeito e preservação, não só asseguramos nossa sobrevivência, mas também deixamos um legado duradouro para as gerações futuras. A escolha está clara: a preservação da natureza é um investimento crucial em nosso próprio futuro e na continuidade da rica tapeçaria da vida na Terra.

8.3 MENSAGEM

Hoje, proclamamos com convicção que preservar a natureza não é apenas uma tarefa, mas uma missão vital que todos nós compartilhamos. Cuidar do nosso lar comum não é uma opção, mas um chamado que ecoa em cada sopro de vento, em cada raio de sol, em cada folha que dança ao ritmo da vida. É a responsabilidade que abraçamos para garantir que este presente extraordinário seja não apenas testemunhado por nós, mas também herdado pelas gerações que virão.

Cada gesto de preservação é uma promessa que fazemos ao futuro. Plantar uma árvore, recolher o lixo, respeitar a fauna e flora são atos que reverberam como batidas de um coração coletivo, pulsando a esperança de um mundo sustentável. Nossa força está na união, na compreensão de que somos todos guardiões desse santuário chamado Terra.

Assumamos, portanto, o compromisso de sermos defensores incansáveis da natureza. Cada ação, por menor que seja, é um passo em direção a um futuro mais verde, mais vibrante e mais robusto. Juntos, somos a mudança que o mundo precisa. Que essa mensagem ecoe em nossos corações e nos inspire a sermos os cuidadores dedicados do nosso lar e bem comum.

8.4 FRASE DO DIA

Preservar a natureza é cuidar do nosso lar comum.

IMERSÃO N.º 9
EQUILÍBRIO

ENCONTRE EQUILÍBRIO ENTRE TRABALHO, DESCANSO E LAZER

9.1 PRECE/ORAÇÃO

Querido e amado Deus, com humildade, me volto a Ti em busca do equilíbrio que se estende entre os dias do meu despertar e as noites de meu repouso. Expresso minha sincera intenção de encontrar harmonia entre as exigências do trabalho e a necessidade sagrada do descanso.

Desejo, em primeiro lugar, expressar minha gratidão pelo dom da vida e pela oportunidade de contribuir para o mundo por meio do trabalho. Agradeço pelos desafios que me fortalecem e pelas realizações que me enchem de alegria.

Intercedo por aqueles que, como eu, buscam esse equilíbrio delicado. Que encontrem forças para enfrentar os desafios do dia a dia e sabedoria para reservar momentos de tranquilidade e lazer, porque reconheço a grandiosidade de Tuas obras e a perfeição do Teu plano divino.

Ó Deus, em meio ao trabalho e ao descanso, permita-me encontrar momentos para louvar e agradecer pela beleza que permeia minha jornada e concede-me discernimento para priorizar o que é verdadeiramente essencial, coragem para abrir espaço para o descanso necessário e a graça de desfrutar dos momentos de lazer sem culpa.

Que minha vida seja um reflexo do equilíbrio que Tu desejas para todos os Teus filhos. Que nas minhas escolhas, todas as minhas palavras e ações, eu possa refletir a harmonia que emanas, inspirando outros a buscar a paz interior e a serem instrumentos do teu amor.

Guia-me pelos caminhos da serenidade, para que, ao trilhar esta vida, eu possa irradiar a tua luz e contribuir para a construção de um mundo mais equilibrado e repleto da tua graça.

Por isso, ó Deus, eu Te peço orientação e clareza em momentos de dúvidas, para que eu possa tomar decisões com sabedoria e serenidade. Que eu encontre força e perseverança em meio aos desafios, e que cada passo que eu der seja alinhado com propósitos nobres e construtivos, em nome do Teu amado filho Jesus Cristo. Assim seja. Amém!

9.2 REFLEXÃO

Por que encontrar equilíbrio entre trabalho, descanso e lazer?

Há muito tempo vivemos em um mundo frenético, onde as demandas profissionais muitas vezes parecem infindáveis, invadindo até mesmo os preciosos momentos que deveriam ser dedicados ao descanso e ao lazer. A busca pelo equilíbrio entre trabalho, descanso e lazer não é apenas uma escolha sensata; é uma necessidade vital para a nossa saúde física, mental e emocional.

Não podemos negar que o trabalho é uma parte fundamental da nossa existência, uma fonte de realização e sustento. No entanto, quando nos permitimos mergulhar inteiramente nas obrigações profissionais, corremos o risco de nos perdermos no emaranhado de responsabilidades, comprometendo não apenas nossa eficiência no trabalho, mas também nossa qualidade de vida.

Não obstante, encontrar o equilíbrio significa reconhecer a importância do descanso. O que significa dizer que o descanso não é apenas um intervalo entre períodos de atividade, mas uma oportunidade de recarregar nossas energias e restaurar nosso foco. Negligenciar o descanso pode levar à exaustão física e mental, comprometendo nossa produtividade e, o que é mais importante, nossa saúde.

O lazer, muitas vezes considerado um luxo dispensável, é na verdade uma peça-chave para a nossa felicidade e bem-estar. É nos momentos de lazer que recarregamos nossa criatividade, fortalecemos vínculos sociais e exploramos dimensões mais leves e prazerosas da vida. Ignorar o lazer é privar-se da riqueza de experiências que tornam a jornada humana verdadeiramente significativa.

É igualmente importante lembrar que equilíbrio não significa necessariamente dividir nosso tempo de maneira uniforme entre trabalho, descanso e lazer. Isso porque cada indivíduo tem suas próprias necessidades e prioridades. Encontrar o equilíbrio é um processo pessoal que exige autoconhecimento e ajustes constantes.

Entenda que, ao adotarmos um estilo de vida equilibrado, não apenas alcançamos um desempenho mais eficiente no trabalho, mas também cultivamos uma mentalidade mais positiva e robusta. Com isso, a jornada se torna mais sustentável, permitindo-nos enfrentar desafios com clareza e determinação.

Importante ainda lembrar que encontrar equilíbrio entre trabalho, descanso e lazer é um investimento em nossa própria saúde e felicidade. É uma declaração de autocompaixão e um compromisso com uma vida plena. Que possamos, cada um de nós, abraçar a sabedoria de equilibrar nossas vidas, cultivando não apenas sucesso profissional, mas também bem-estar duradouro e realização pessoal.

9.3 MENSAGEM

No delicado equilíbrio entre os altos e baixos da existência, descobrimos a verdadeira essência da harmonia. É nesse ponto de equilíbrio que nossas experiências ganham profundidade e significado, criando uma sinfonia única e pessoal. Cada desafio superado e cada momento de alegria contribuem para a melodia da vida, formando uma composição rica e envolvente.

Ao cultivarmos a habilidade de manter o equilíbrio, transcendemos as adversidades com graça e enfrentamos as vitórias com humildade. Encontramos serenidade não apenas nos momentos de calma, mas também na habilidade de nos adaptarmos às mudanças inevitáveis. Nessa busca pelo equilíbrio, descobrimos que a verdadeira harmonia não é a ausência de desafios, mas sim a capacidade de dançar em sintonia com as diversas melodias da vida.

Assim, o mais importante é abraçar a caminhada em busca desse equilíbrio, reconhecendo que é nesse ponto de estabilidade que encontramos a verdadeira harmonia da vida. Que possamos aprender com as oscilações, celebrar as conquistas e, acima de tudo, manter-nos centrados na busca constante por uma existência equilibrada e plena.

9.4 FRASE DO DIA

No equilíbrio, encontramos a verdadeira harmonia da vida.

IMERSÃO N.º 10
CORAGEM

TENHA CORAGEM PARA ENFRENTAR OS MEDOS E DESAFIOS

10.1 PRECE/ORAÇÃO

Ó Glorioso Pai, sei que Tu és a fonte de toda coragem, pois em ti habita todo entendimento e sabedoria. Hoje, percebo com maior intensidade a Tua presença no momento em que respiro e sinto as batidas do pulsar do meu coração. Só Tu conheces a profundeza de cada célula do meu ser e de cada detalhe dos meus pensamentos antes mesmo de serem formados.

Por isso, ó Deus, fortalece meu espírito, para que eu possa enfrentar as adversidades com coragem e resiliência. Que cada desafio seja uma oportunidade para minha luz interior brilhar ainda mais intensamente, irradiando esperança e determinação. Que, mesmo nos momentos mais difíceis, eu encontre a força necessária para perseverar, pois sei que Tua luz está sempre presente, guiando-me com amor e sabedoria.

Conceda-me a coragem necessária para enfrentar os medos que se erguem diante de mim e os desafios que permeiam meu caminho. Que tua luz em meu interior seja a fonte da graça iluminando a escuridão do desconhecido e fortalecendo meu espírito para superar e transformar cada obstáculo em oportunidade elevando o nível de consciência do Teu grandioso amor.

Concede-me a ousadia de caminhar mesmo quando a jornada pareça árdua, e que a fé em minha própria capacidade seja uma chama constante em meu coração. Dá-me a sabedoria para discernir entre o que posso mudar e o que devo aceitar, e, acima de tudo, infunde-me com a determinação de seguir adiante, mesmo quando a trilha se torna íngreme.

Que a coragem que busco não seja apenas uma armadura contra o temor, mas um escudo que me permita abraçar as oportunidades que surgem no meu caminho. Que eu encontre força nos momentos difíceis e que minha coragem inspire aqueles ao meu redor a perseguirem seus próprios sonhos com fervor e convicção.

Por fim, Te peço, ó Pai, que a chama da coragem ilumine meu caminho, tornando-me forte perante as provações. Que, ao confrontar meus temores, eu descubra a força que reside dentro de mim, guiada pela tua eterna sabedoria divina. Assim seja. Amém!

10.2 REFLEXÃO

Por que ter coragem para enfrentar os medos e desafios?

A coragem, muitas vezes, é interpretada como a ausência do medo, mas, na realidade, é a capacidade de avançar mesmo quando o medo está presente. Enfrentar os medos e desafios não apenas nos fortalece, mas também nos liberta das correntes do receio, permitindo-nos explorar o desconhecido com confiança renovada.

É bem verdade que, num cenário onde os medos e desafios permeiam nossa existência, a coragem se destaca como a força propulsora capaz de nos conduzir a uma jornada de transformação e crescimento pessoal. O ato de ter coragem para enfrentar nossos medos não é apenas uma escolha; é uma aventura motivacional e gratificante que nos eleva a patamares mais elevados de realização.

Por isso, ao enfrentarmos os desafios de frente, cultivamos um terreno fértil para o crescimento pessoal. Cada obstáculo superado se torna um degrau na escada da autossuperação, moldando-nos e aprimorando-nos. A gratidão surge não apenas pelo sucesso conquistado, mas pela coragem demonstrada ao confrontar o desconhecido.

Entenda: enfrentar desafios nos expõe a novas situações, obstáculos e complexidades. Acontece que essas experiências desafiadoras muitas vezes exigem que aprendamos coisas novas, desenvolvendo assim novas habilidades e conhecimentos. Ou seja, lidar diretamente com desafios promove a força necessária na construção do poder mental, mudando os padrões limitantes e germinando novas possibilidades.

Assim sendo, encarar os medos e desafios não apenas nos fortalece, mas também nos liberta das amarras da apreensão, possibilitando a exploração do desconhecido com uma confiança revitalizada. No caso, de forma simplificada, ao enfrentarmos desafios de cabeça erguida, cultivamos um solo fértil para o crescimento pessoal.

Portanto, devemos sempre lembrar de que a coragem para enfrentar medos e desafios representa uma celebração da própria vida. É uma expressão de gratidão pela oportunidade de crescer, aprender e evoluir.

10.3 MENSAGEM

Na complexa trama da existência, descobrimos que a coragem não é a ausência de medo, mas sim a maestria de seguir em frente apesar dele. É como se cada desafio fosse um convite para descobrirmos a nossa própria força, um lembrete de que somos feitos para transcender limites. A verdadeira magia se desenha quando, corajosamente, escolhemos enfrentar os nossos medos, transformando-os em degraus que nos impulsionam em direção ao nosso potencial mais audacioso.

Ao abraçarmos esse desafio, não apenas abrimos caminho para o nosso próprio crescimento, mas também nos tornamos exemplos de inspiração para outros viajantes. Ao compartilharmos nossas histórias de coragem, criamos uma rede coletiva de superação, onde cada experiência contribui para um padrão vibrante de força e motivação. É assim que a coragem se torna um presente disponível, com um eco que ressoa pelas comunidades e gerações.

Cada passo corajoso é uma afirmação da nossa força, uma celebração da vida que transcende os limites do medo. Inspiremos uns aos outros a enfrentar desafios com a convicção de que, na coragem compartilhada, descobrimos não só nossa grandeza individual, mas também a beleza coletiva da superação.

10.4 FRASE DO DIA

A coragem não é a ausência de medo, mas a capacidade de seguir adiante apesar dele.

IMERSÃO N.º 11
GENEROSIDADE

PRATIQUE A GENEROSIDADE SEM ESPERAR NADA EM TROCA

11.1 PRECE/ORAÇÃO

Oh Deus, de toda misericórdia, com humildade e profunda gratidão, dirijo-me a Ti para expressar minha sincera apreciação pela Tua infinita generosidade. Cada célula do meu ser é um testemunho do Teu amor constante, uma dádiva que recebo a cada instante, recordando-me da Tua bondade que transcende toda compreensão.

Neste momento, sinto Tua graça e Tua paz envolvendo cada parte do meu ser. Sei que a Tua misericórdia e generosidade não têm fim e que vão além dos presentes materiais que sustentam minha existência. Porque Tu És a essência da paciência que me envolve, a compreensão que abraça minhas fraquezas e a esperança que nunca acaba, mesmo nas noites mais escuras. Em Teu amor, encontro um refúgio seguro e uma fonte inesgotável de consolo.

Quero agradecer pelas pessoas que colocaste em meu caminho, por amigos e familiares como uma possibilidade de partilhar amor, compreensão e apoio mútuo. Que a minha fé permaneça sendo a luz que ilumina os meus dias sem dar espaço para os dias sombrios. Que ela seja a âncora que me sustenta em cada instante do meu caminhar.

Perante a Tua graça redentora, sou grato pelo perdão que me é estendido, mesmo quando falho. Tua misericórdia é um presente que ultrapassa minhas imperfeições, uma expressão do Teu amor que transforma minhas fraquezas em oportunidades de crescimento.

Oh, Deus de bondade, ajusta meu coração para que a generosidade seja uma expressão natural do meu amor por Ti. Que eu não hesite em compartilhar o que tenho, sabendo que tudo provém de Ti. Que minha generosidade não seja motivada pelo reconhecimento humano, mas sim pelo desejo sincero de ser um reflexo do Teu amor incondicional.

Senhor, concede-me discernimento para reconhecer oportunidades de ser generoso. Que eu não feche meus olhos diante das necessidades dos outros, mas esteja sempre disposto a agir, a contribuir para aliviar fardos e a semear a bondade onde quer que eu vá.

Em Tua infinita generosidade, deposito minhas súplicas. Que eu possa ser um instrumento do Teu amor abundante neste mundo, fazendo a diferença na vida daqueles que cruzam meu caminho. Que a generosidade que imploro hoje seja uma luz que ilumina não apenas meu próprio caminho, mas também o caminho daqueles que beneficiarei com meu gesto amoroso sob Tua graça. Assim seja. Amém!

11.2 REFLEXÃO

Por que praticar a generosidade sem esperar nada em troca?

Praticar a generosidade sem esperar nada em troca é fundamental para construir relações mais autênticas e fortalecer os laços sociais. Essa abordagem não apenas promove um ambiente de confiança e empatia, mas também contribui para um impacto positivo nas dinâmicas sociais. Ao agir sem expectativas imediatas, cria-se um ciclo virtuoso, inspirando outros a adotarem atitudes generosas, o que, a longo prazo, pode gerar uma transformação significativa em direção a uma sociedade mais solidária e colaborativa.

Acontece que vivemos em um mundo onde as relações muitas vezes são marcadas por uma lógica transacional, onde cada ato parece estar condicionado à expectativa de receber algo em troca. No entanto, é na prática da generosidade sem esperar nada em troca que encontramos uma força transformadora capaz de redefinir não apenas as nossas interações, mas também o tecido social que nos une.

Nesse sentido, a generosidade desinteressada, longe de ser um ato de ingenuidade, revela-se como uma poderosa fonte de motivação intrínseca. Quando decidimos oferecer o nosso tempo, recursos ou afeto sem a expectativa de recompensa imediata, estamos construindo alicerces para um mundo mais compassivo e solidário. Essa atitude transcende barreiras, conectando corações e mentes em um diálogo silencioso, mas profundo.

Entenda: ao praticarmos a generosidade sem esperar nada em troca, rompemos com a mentalidade limitada da troca imediata. Na verdade, estamos semeando uma cultura que valoriza a empatia, reconhecendo a complexidade das batalhas pessoais que cada indivíduo enfrenta. Essa prática nos lembra que, muitas vezes, o verdadeiro valor de nossas ações não está na tangibilidade da recompensa, mas na semente que plantamos no solo fértil da compaixão.

Além disso, ao adotarmos a generosidade desinteressada, estamos investindo em um capital social que transcende as fronteiras do individualismo. Estamos construindo uma rede de confiança e apoio mútuo, onde a verdadeira riqueza está na qualidade dos relacionamentos que cultivamos. Essa abordagem não apenas fortalece os laços comunitários, mas também cria um ambiente propício para o florescimento coletivo.

Praticar a generosidade sem esperar nada em troca é também um ato de resistência contra a cultura do egoísmo, por vezes tão presente em nossa sociedade. É uma declaração silenciosa de que a verdadeira grandeza reside na capacidade de contribuir para o bem-estar dos outros, mesmo quando ninguém está observando. É um convite para superar as limitações do eu e abraçar a interconexão que une a todos nós.

Perceba: a generosidade desinteressada é um chamado para elevarmos nosso olhar para além das transações superficiais da vida cotidiana. É uma jornada em direção a um mundo onde a compaixão é a moeda mais valiosa, e a verdadeira riqueza reside na capacidade de impactar positivamente a vida dos outros. Ao praticarmos a generosidade sem esperar nada em troca, estamos contribuindo para a construção de um legado duradouro de bondade e humanidade.

11.3 MENSAGEM

Num mundo frequentemente dominado pela sensação de escassez, mantenho a convicção de que a generosidade é a chave para desbloquear uma fonte inesgotável de abundância. Cada ato generoso, como uma semente plantada no solo fértil da humanidade, tem o potencial de crescer e florescer em algo magnífico.

Quando escolhemos ser generosos, não apenas oferecemos algo material, mas lançamos as bases para um ciclo virtuoso de bondade. Essa atitude cria uma corrente invisível que conecta corações e mentes, alinhando-se ao poder do Universo. Por isso, a generosidade é um convite para participar de um banquete de abundância, onde todos têm um lugar à mesa.

Não esqueça: cada gesto generoso é como uma pedra jogada em um lago, criando ondas que se estendem muito além do ponto de origem. Quando multiplicamos nossos atos de generosidade, estamos contribuindo para a construção de uma correnteza de abundância que flui pelas comunidades, inspirando outros a fazerem o mesmo.

Portanto, cada pessoa na sua condição natural, é capaz de criar um mundo onde a generosidade não seja apenas uma escolha, mas sim a essência que define a nossa existência.

11.4 FRASE DO DIA

A generosidade cria um mundo de abundância para todos.

IMERSÃO N.º 12
COMPAIXÃO

CULTIVE A COMPAIXÃO POR TODAS AS FORMAS DE VIDA

12.1 PRECE/ORAÇÃO

Meu Senhor e meu Deus, Tu és o meu refúgio e proteção. Sem a tua graça não sei para onde ir. És o Deus compassivo e amoroso e reconheço a imensidão da piedade que derramas sobre mim e todos os teus filhos. Agradeço pelo teu amor que supera todas as minhas falhas, envolvendo-me em tua graça e compaixão divina.

Em dias sombrios, sinto teu abraço compassivo, consolando-me nas tristezas e fortalecendo-me nas dificuldades. Tua compaixão é a luz que ilumina meu caminho, mesmo quando as trevas parecem prevalecer.

Hoje, em especial, pude sentir o clarão da Tua voz dizendo-me que a compaixão é o fio dourado que tece os tecidos do universo conectando cada alma em um abraço divino, e que ao meu redor eu percebesse a maravilha da criação que me cerca como testemunho do Teu imenso amor.

Por isso clamo a Ti, elevando meu coração em busca de Tua graça e orientação divina para que nos momentos alegres celebre Contigo agradecendo por todas as bênçãos que enchem minha vida. Que a compaixão seja o laço que une meu coração a Ti, em uma sinfonia de gratidão que ecoa pelos dias de bonança.

Nos dias de escuridão, Pai celestial, rogo pela Tua luz divina. Ofereço a Ti as sombras da tristeza que nublam meu caminho e peço que o calor do Teu amor e compreensão seja uma luz suave, dissipando as trevas e guiando-me com segurança.

Concede-me força e coragem para enfrentar os desafios que a vida apresenta, confiando que Tua mão divina me sustentará em todas as circunstâncias.

Nesse momento, Senhor, reconheço, humildemente, meus erros e pecados. Peço Teu perdão e a transformação que apenas Tua graça pode proporcionar. Capacita-me a perdoar aqueles que me magoaram, assim como Tu, em Tua misericórdia, perdoaste a mim.

Senhor, concede-me uma fé inabalável e a capacidade de confiar em Ti em todas as situações. Que minha vida reflita Tua luz, inspirando outros a buscarem a Tua presença.

Em tudo isso, Deus misericordioso, oro não apenas por mim, mas por toda a humanidade. Que a compaixão, o amor e a paz que emanam de Ti preencham o coração de cada pessoa neste mundo.

Com gratidão e confiança, coloco esses pedidos diante de Ti, sabendo que ouves as orações do Teu povo. Assim seja. Amém!

12.2 REFLEXÃO

*Por que cultivar a compaixão
por todas as formas de vida?*

Na maioria das vezes ouvimos falar em "compaixão", mas quase sempre sequer se sabe sobre a essência de seu significado. Até porque cultivar a compaixão por todas as formas de vida é mais do que um ato de bondade; é uma jornada transformadora que enriquece não apenas o mundo ao nosso redor, mas também as profundezas de nossa própria alma.

A compaixão, entendida como a capacidade de sentir empatia e agir de maneira compassiva em relação aos outros, independentemente de sua forma de vida, contribui para uma perspectiva mais holística e sustentável em vários níveis. Ou seja, ao abraçarmos a compaixão em sua amplitude, somos impulsionados por motivos inspiradores que transcendem as barreiras da individualidade.

Isso ocorre porque a compaixão nos conecta ao tecido vital que permeia toda a existência. Ao reconhecermos a centelha divina em cada criatura, abrimos nossos corações para uma compreensão mais profunda de nossa interconexão da vastidão da vida. Nessa consciência, descobrimos que, ao nutrir a compaixão por todas as formas de vida, nutrimos também a nós mesmos, fortalecendo os laços que unem cada ser.

A compaixão, como força motivadora, transcende as fronteiras da autopreservação e se torna uma expressão de empatia elevada. Ao entendermos as experiências e necessidades dos outros seres, somos desafiados a agir em prol do bem-estar coletivo. Essa motivação intrínseca nos impulsiona a sermos agentes de mudança positiva, contribuindo para um mundo onde cada criatura pode florescer.

Além disso, ao nos comprometermos com a compaixão por todas as formas de vida, também estamos contribuindo para a preservação da beleza diversificada da criação. Cada espécie, cada elemento da natureza, desempenha um papel vital no equilíbrio ecológico. Cultivar a compaixão é, portanto, um ato de preservação, um compromisso de proteger a riqueza da biodiversidade, que torna nosso planeta único.

Não obstante, a compaixão também desempenha um papel crucial na promoção do bem-estar psicológico e emocional. Estudos mostram que a prática da compaixão está associada a níveis mais elevados de satisfação com a vida e redução do estresse. Ao estendermos nossa compaixão a todas as formas de vida, experimentamos um senso mais profundo de conexão com o mundo ao nosso redor, cultivando um estado de espírito mais equânime e gratificante.

Entenda: a compaixão por todas as formas de vida é um convite para vivermos em alinhamento com nossa natureza mais elevada. Ao fazermos isso, descobrimos um propósito mais profundo, uma fonte inesgotável de inspiração e um caminho que nos conduz à realização pessoal e à contribuição significativa para o bem comum. Que a compaixão seja nossa bússola, guiando-nos em uma jornada que enriquece não apenas o mundo, mas a própria essência de quem somos.

12.3 MENSAGEM

Na compaixão, descobrimos um portal mágico que nos conecta à essência pulsante do universo. É mais do que um simples gesto; é um despertar para a beleza intricada que se desdobra em cada ato de bondade. Ou seja, cada expressão de compaixão é como uma estrela que brilha na vastidão cósmica, iluminando não apenas o destinatário, mas também aquele que a oferece.

Quando nos permitimos ser tocados pela compaixão, abrimos as comportas da verdadeira conexão. Não é apenas um ato isolado, mas uma corrente contínua que flui, ligando-nos uns aos outros e ao próprio coração palpitante do universo como manifestação divina. É uma lembrança de que somos coautores desta grande história cósmica, onde cada ato de amor contribui para o enriquecimento do enredo compartilhado.

Que a compaixão seja a bússola que guia nossos passos na jornada da vida. Que cada palavra gentil seja uma estrela cadente, deixando um rastro brilhante no céu da existência. Ao escolher a compaixão, tornamo-nos artesãos de um universo mais luminoso, onde o amor é a força que une todos os elementos.

12.4 FRASE DO DIA

Na compaixão, encontramos a verdadeira conexão com o universo.

IMERSÃO N.º 13
REFLEXÃO E AUTOCONHECIMENTO

RESERVE TEMPO PARA A REFLEXÃO E AUTOCONHECIMENTO

13.1 PRECE/ORAÇÃO

Oh Deus, mistério insondável que permeia os Céus e a Terra, com humildade e gratidão, diante de Ti reconheço Tua grandiosidade que ultrapassa toda compreensão humana. Tu és a fonte de toda luz, sabedoria e inspiração, e, neste momento, busco a profundidade da reflexão em Tua presença.

Senhor, que a luz da Tua verdade brilhe intensamente em minha mente e coração enquanto me entrego à jornada da reflexão. Concede-me a clareza para compreender os mistérios que se desenrolam em minha vida, e guia-me nas águas profundas do entendimento interior.

Assim como uma gota se dissolve nas vastas águas do oceano, que minha reflexão se entrelace à Tua sabedoria sem limites. Que cada pensamento ponderado seja como um luminoso raio de luz, dissipando as sombras do desconhecido. Dá-me a habilidade de ir além das aparências, adentrando as profundezas do meu ser, onde Tua presença é eternamente constante e acolhedora.

Oh, grandioso Deus, conduze-me à contemplação das maravilhas do Teu plano para a minha existência. Que a reflexão se torne uma jornada de descobertas, revelando os propósitos que traçaste para mim desde antes da própria criação. Fortalece a minha fé para que eu confie plenamente na Tua orientação, mesmo quando os caminhos se apresentam como terras desconhecidas.

Que a reflexão seja mais do que um mero olhar para o passado; que seja uma âncora no presente e uma bússola para o futuro. Capacita-me a aprender com as experiências, a crescer a partir da reflexão e a agir com base na sabedoria que Tu generosamente compartilhas.

Somente Tu e ninguém mais tem o pleno conhecimento dos mais profundos segredos do meu ser. Por isso, amado Pai, dá-me a força necessária para encarar com coragem e aceitação a verdade sobre mim mesmo. Que os momentos de oração e a reflexão sejam como um espelho, revelando não apenas minhas fraquezas, mas também a força que em mim reside, concedida por Tua graça.

Em Tua infinita misericórdia, guia-me, ó Deus, no poder transformador da reflexão e que a Tua presença constante seja minha companhia e que eu possa sentir a paz que só Tu podes oferecer. Abençoa este dia e todos os dias que virão, guiando-me com Tua luz e envolvendo-me no Teu amor eterno.

Em nome do Pai, do Filho e do Espírito Santo. Assim seja. Amém!

13.2 REFLEXÃO

Por que reservar tempo para a reflexão e para o autoconhecimento?

Dedicar momentos à reflexão e ao autoconhecimento transcende a mera prática; constitui um investimento inestimável no progresso pessoal e no equilíbrio integral da mente, corpo e alma. Até porque, em uma era que incessantemente nos conduz à ação, reservar pausas estratégicas para contemplar nossa essência e direção torna-se não apenas essencial, mas vital.

Em um cenário que muitas vezes nos desafia a um ritmo acelerado, a reflexão oferece um refúgio necessário para compreendermos mais profundamente quem somos e para onde estamos direcionando nossa jornada. Com isso, o autoconhecimento, derivado da reflexão contínua, é a chave para entender nossas emoções, valores e metas mais profundas.

Conhecer a si mesmo permite tomar decisões mais alinhadas com nossas verdadeiras aspirações, proporcionando uma base sólida para o crescimento pessoal em que a prática da reflexão contribui significativamente para a tomada de decisões conscientes. Ou seja, ao entender nossas motivações internas, estamos mais capacitados a fazer escolhas que não apenas atendam às demandas imediatas, mas que estejam em sintonia com nossos objetivos a longo prazo.

Importante saber que a gestão do estresse é outra razão imperativa para reservar tempo à reflexão. A análise regular de fontes de estresse possibilita o desenvolvimento de estratégias eficazes de enfrentamento, promovendo uma melhor saúde emocional e reduzindo a probabilidade de sobrecarga.

Ao reservarmos momentos para a reflexão, abrimos espaço para o crescimento pessoal contínuo. Identificar áreas de melhoria e definir metas alcançáveis são passos cruciais para a evolução constante, permitindo-nos superar desafios e alcançar nosso potencial máximo.

Compreender a si mesmo aprofunda a compreensão dos outros, promovendo a empatia e fortalecendo as conexões interpessoais. Até porque criatividade também floresce nos momentos de reflexão. Ao conectarmos informações de maneiras novas e significativas, somos capazes de gerar ideias inovadoras e encontrar soluções criativas para os desafios que enfrentamos.

Observe que a prática da reflexão auxilia na definição de prioridades, proporcionando foco nas metas e objetivos mais importantes. Isso evita a dispersão de energia em distrações e permite uma concentração direcionada.

Além disso, a reflexão promove a autoaceitação e fortalece a autoestima. Aceitar-se, inclusive com imperfeições, contribui para uma autoimagem saudável, melhorando a confiança e a qualidade de vida.

Ao conhecermos profundamente a nós mesmos, tornamo-nos mais adaptáveis às mudanças. Com uma compreensão sólida de nossos valores fundamentais, ajustar-se a novas circunstâncias torna-se uma jornada mais autêntica.

Finalmente, a prática regular da reflexão é um componente essencial para a saúde mental. Proporciona momentos de tranquilidade, reduz o estresse e cultiva uma mentalidade positiva, essencial para enfrentar os desafios da vida.

Em síntese, reservar tempo para a reflexão e o autoconhecimento não é apenas uma escolha sábia, mas uma necessidade fundamental para o florescimento humano. Neste processo, encontramos as ferramentas necessárias para viver de forma mais autêntica, significativa e equilibrada.

13.3 MENSAGEM

Na tranquilidade do pensamento, desvendamos os mistérios da verdadeira sabedoria. É no silêncio da mente que as respostas mais profundas se revelam, e é nesse espaço de quietude que encontramos a clareza para compreender o significado mais genuíno da vida. Ao cultivar momentos de serenidade, permitimos que a sabedoria interior se manifeste, guiando-nos em direção a escolhas mais conscientes e a uma compreensão mais profunda de nós mesmos.

A verdadeira sabedoria não está necessariamente em adquirir conhecimento externo, mas em explorar os recantos silenciosos da nossa própria consciência. Ao nos afastarmos do ruído incessante do mundo exterior, damos espaço para ouvir a sábia voz interna que muitas vezes é abafada pelo tumulto da vida cotidiana. Nesses momentos de introspecção, descobrimos que a verdadeira riqueza de sabedoria reside dentro de nós, esperando pacientemente para ser reconhecida.

Portanto, que possamos abraçar a quietude da mente como uma ferramenta poderosa para o autodescobrimento e crescimento. Encontrar momentos de paz interior não apenas nutre nossa sabedoria, mas também nos fortalece diante dos desafios. Na serenidade da mente, descobrimos que a verdadeira sabedoria não é apenas um destino, mas sim uma jornada constante de autotransformação e aprendizado contínuo.

13.4 FRASE DO DIA

Na quietude da mente,
encontramos a verdadeira sabedoria.

IMERSÃO N.º 14
ACEITAÇÃO DA MUDANÇA

ACEITE A IMPERMANÊNCIA E ABRACE AS MUDANÇAS

14.1 PRECE/ORAÇÃO

Deus de amor e bondade, neste momento de oração, elevo meu ser diante de Ti, reconhecendo a beleza e a complexidade da vida que Tu, em Tua sabedoria divina, concedeste a cada um de nós. Convido Tua presença divina a habitar em meu coração enquanto busco aceitar as mudanças que se desdobram em minha vida.

Senhor, rogo a Ti, em humildade, que me concedas o dom precioso do discernimento para compreender as transformações que se desenrolam diante de mim. Que a luz da Tua verdade ilumine meu entendimento, capacitando-me a ir além das aparências veladas e a reconhecer o propósito sublime que se esconde em cada mudança.

Que a claridade divina guie meus pensamentos, revelando-me a beleza mais profunda de cada experiência transformadora e fortalecendo minha fé no Teu plano soberano.

Confiando em Tua misericórdia, rogo por entendimento, para que eu possa acolher as transformações com serenidade e compreender que, muitas vezes, as mudanças são instrumentos da Tua graça, moldando-me para um propósito maior.

Que o amor que emanas permeie meu ser, capacitando-me a amar incondicionalmente, mesmo quando as circunstâncias mudam. Que esse amor seja uma força poderosa que dissipe o medo e a resistência, abrindo meu coração para as possibilidades que Tu reservas para mim.

Senhor, fortalece minha fé para confiar em Teu plano, mesmo quando a visão foge à minha compreensão. Que eu possa aceitar a mudança com a mesma fé que aceito Teu amor infinito, sabendo que és o artífice de todas as coisas.

Que este momento de oração seja um marco em minha jornada de aceitação, guiado pelo dom do discernimento, do entendimento e, acima de tudo, do amor que emanas. Agradeço, Deus misericordioso, pela Tua presença constante em minha vida. Em nome de Jesus, amém.

Que este instante de comunhão seja o brilho radiante em minha busca de aceitação, conduzido pelo dom do discernimento, do entendimento e, sobretudo, pela luz do Teu amor. Expresso minha profunda gratidão, ó Deus misericordioso, pela Tua presença constante que permeia os dias da minha existência. Em nome de Jesus, agradeço e selo esta oração, confiante na Tua graça. Assim seja. Amém!

14.2 REFLEXÃO

Por que aceitar a impermanência e abraçar a mudança?

Aceitar a impermanência e acolher a mudança são alicerces essenciais para construir uma vida plena e equilibrada. Neste vasto cenário da existência, a constante transformação é a única certeza, e é na aceitação desse fluxo que encontramos uma fonte inesgotável de benefícios.

A vida, em seu mar de conexões, está sempre se redesenhando. Cada momento de mudança é uma oportunidade de crescimento, uma chance de transcender as limitações e explorar novas dimensões de nós mesmos. Ao abraçar as transformações, ampliamos nossos horizontes e desvendamos facetas antes desconhecidas, enriquecendo assim a nossa jornada.

A resistência à mudança, por outro lado, é como tentar segurar a água com as mãos. Ela resulta em estagnação, impedindo o fluxo natural da vida e criando um vazio que apenas a aceitação pode preencher. Quando nos rendemos à impermanência, tornamo-nos mais resilientes, capazes de enfrentar os altos e baixos com a confiança de que, mesmo nas adversidades, há espaço para crescimento e renovação.

Ao aceitar que tudo está sujeito a transformações, desvendamos o segredo de uma existência mais plena. A cada mudança, descobrimos oportunidades para nos reinventar, para aprender, para amar e para viver com uma intensidade renovada. Não é apenas uma questão de se adaptar; é um convite para florescer em meio às mudanças, encontrando significado e propósito em cada capítulo do nosso caminho.

Importante reforçar que cada mudança traz consigo valiosas lições e oportunidades de aprendizado contínuo. A capacidade de adaptação às circunstâncias nos permite lidar mais eficazmente com os desafios que se apresentam. Aceitar a impermanência também nos liberta da ilusão de controle absoluto, permitindo-nos fluir com a naturalidade da vida.

Ao abraçar a mudança, direcionamos seu curso de maneira mais positiva, transformando desafios em oportunidades de crescimento e autodescoberta. Essa atitude não apenas nos mantém focados no presente, mas também nos liberta da ansiedade em relação ao futuro e do peso de eventos passados.

Nesse sentido, aceitar a impermanência é mais do que uma aceitação intelectual; é uma escolha consciente de viver em harmonia com a verdade essencial da existência. Ao integrarmos esse entendimento em nossas vidas, cultivamos uma mentalidade flexível e aberta, enriquecendo nossa jornada com significado, resiliência e uma apreciação mais profunda do momento presente.

Portanto, sinta-se convidado a abraçar a impermanência com os braços abertos, permitindo que cada mudança seja um capítulo emocionante na história da sua vida. Na aceitação, descobrimos não apenas a beleza da jornada, mas também a força que reside na capacidade de nos reinventarmos a cada passo. Que a mudança seja a melodia que embala a sua evolução, e que a aceitação seja a luz que ilumina o caminho da sua trajetória.

14.3 MENSAGEM

Em meio às mudanças da vida, encontramos preciosas oportunidades para crescer e evoluir. Esteja atento aos sinais que o universo lhe apresenta, pois neles estão as pistas para seu desenvolvimento pessoal.

Cultivar uma atitude mental positiva é a chave para desvendar o potencial transformador de cada situação. Enxergue os desafios como degraus para o seu crescimento, e as mudanças como portas que se abrem para novas possibilidades.

Ao direcionar sua atenção para o positivo, você não apenas supera os obstáculos, mas também molda um caminho de autodescoberta e realização.

Lembre-se: na mudança reside a magia de se reinventar, e é com uma mente otimista que você desenha o seu próprio mapa para o sucesso e a felicidade. Avance com confiança, pois cada mudança é uma oportunidade única de se tornar a melhor versão de si mesmo.

14.4 FRASE DO DIA

Na mudança, encontramos oportunidades para crescer e evoluir.

IMERSÃO N.º 15
HARMONIA INTERIOR

ENCONTRE PAZ E HARMONIA DENTRO DE SI MESMO

15.1 PRECE/ORAÇÃO

Pai celestial, venho a Ti com um coração grato, disposto a louvar e bem-dizer pelo presente divino da ressignificação do meu ser mais profundo. Agradeço pela possibilidade de alcançar a harmonia interior, reconhecendo que somente em Tua presença encontro a força necessária para transformar as sombras emocionais em luz.

Senhor, em meu louvor, exalto Tua bondade por permitir que eu ressignifique, reconstrua e renove o meu ser interior. Louvo-Te pela capacidade de curar as feridas emocionais, aceitando com gratidão a oportunidade de crescimento e transformação que Tua graça proporciona.

Neste momento, clamo pela Tua divina força para enfrentar os desafios ligados à cura da ansiedade, procrastinação, medo, insegurança, depressão e outros desequilíbrios psicológicos que possam surgir em minha jornada. Busco compreensão e discernimento diante desses obstáculos. Que a chama ardente da Tua sabedoria incida sobre o meu coração, capacitando-me a identificar e compreender os sintomas emocionais que demandam cura.

Concede-me a clareza necessária para compreender as raízes profundas das minhas dores emocionais, pois reconheço a fragilidade da minha condição humana, sujeita a tais desafios. Com a Tua orientação, capacita-me a enfrentar essas dores com coragem e determinação.

Senhor, de maneira humilde, suplico por cura emocional, ciente de que somente a Tua graça tem o poder de transformar as cicatrizes do passado em valiosos aprendizados e fontes de fortalecimento. Que o bálsamo da Tua presença opere a cura nas feridas mais profundas, proporcionando-me uma paz interior duradoura e a liberdade emocional tão almejada.

Agradeço por encontrar em Ti a serenidade que acalma as tempestades internas, que por vezes se instalaram em minha mente, a ponto de ameaçar contaminar meu coração. Reconheço e agradeço por Tua orientação nos desafios, proporcionando clareza para compreender e aceitar minha plenitude. Rendo-me diante da Tua grandiosidade, sabendo que é exclusivamente pela Tua graça que alcanço a verdadeira harmonia interior.

Que minha gratidão influencie meus pensamentos, palavras e ações, e que a harmonia em Ti se manifeste em todas as áreas do meu ser, irradiando paz ao meu redor. Em Teu nome, agradeço por este presente sublime da harmonia interior, buscando cultivar essa paz em meu coração. Assim seja. Amém!

15.2 REFLEXÃO

Por que encontrar paz e harmonia dentro de si mesmo?

Encontrar paz e harmonia dentro de si mesmo é um caminho essencial para o bem-estar e a realização pessoal. Em meio às demandas constantes da vida moderna, dedicar tempo e esforço para cultivar essa paz interior é uma jornada valiosa que pode transformar significativamente a qualidade de nossa existência.

No tumulto do cotidiano, em que as pressões externas podem se tornar avassaladoras, a busca pela paz interior não é apenas um luxo, mas uma necessidade imperativa. Encontrar um espaço de tranquilidade dentro de nós mesmos permite-nos navegar pelas águas turbulentas da vida com mais clareza mental e emocional.

A paz interior não significa ausência de desafios ou dificuldades, mas sim a capacidade de enfrentá-los com serenidade e equilíbrio. Ao alcançarmos a harmonia dentro de nós mesmos, tornamo-nos menos suscetíveis às flutuações externas, construindo uma base sólida que nos ajuda a resistir aos ventos tempestuosos da vida.

A verdadeira paz interior é um reflexo da aceitação de quem somos, com todas as nossas virtudes e imperfeições. É abraçar a jornada pessoal, aprender com as experiências, e permitir-se crescer de maneira contínua. Em vez de buscarmos a perfeição utópica, encontramos paz ao aceitar a natureza mutável da vida e ao adaptarmo-nos com resiliência às circunstâncias.

Essa jornada interior não apenas nos beneficia individualmente, mas também influencia positivamente nossos relacionamentos e interações com o mundo ao nosso redor. Relações mais harmoniosas, tomadas de decisão mais conscientes e uma abordagem mais compreensiva em relação aos outros tornam-se resultados naturais desse estado de paz interior.

Em última análise, encontrar paz e harmonia dentro de si mesmo é um investimento no próprio crescimento e felicidade. É um lembrete constante de que a verdadeira fonte de serenidade não reside nas circunstâncias externas, mas sim na maneira como escolhemos responder a elas. Ao cultivar esse espaço de paz, descobrimos uma força interior que nos guia nas complexidades da vida, permitindo-nos florescer mesmo nos momentos mais desafiadores. Portanto, embarque nesta jornada interior com coragem e dedicação, pois a recompensa é uma vida mais plena, significativa e cheia de alegria.

15.3 MENSAGEM

Na busca pela harmonia interior, descobrimos uma libertação profunda e duradoura. Encontrar equilíbrio e paz dentro de nós não apenas nos liberta das correntes das preocupações e do estresse, mas também abre as portas para uma liberdade que vai além das circunstâncias externas.

A verdadeira liberdade, encontrada na harmonia interna, reside na capacidade de escolher nossas respostas às situações, independentemente dos desafios que a vida nos apresenta. Ao cultivarmos um estado de serenidade, somos menos impactados pelas flutuações externas e mais capacitados a viver de acordo com nossos valores e aspirações mais profundas.

Essa liberdade interior não é apenas a ausência de restrições, mas sim a capacidade de fluir com a vida de maneira autêntica e plena. É uma libertação que transcende as amarras da negatividade, do medo e das limitações autoimpostas.

Ao acolhermos a harmonia interior, avançamos em direção a uma liberdade que transcende as circunstâncias externas. Essa liberdade não é ditada por eventos ao nosso redor, mas sim ancorada na aceitação, na autenticidade e na escolha deliberada de viver alinhados com nossa verdade mais profunda. Que cada passo nesta jornada rumo à harmonia interior seja uma trilha para uma liberdade autêntica e duradoura, na qual descobrimos a verdadeira essência da nossa liberdade interior.

15.4 FRASE DO DIA

*Na harmonia interior,
encontramos a verdadeira liberdade.*

IMERSÃO N.º 16
PERSEVERANÇA

CONTINUE SEGUINDO EM FRENTE, INDEPENDENTEMENTE DOS OBSTÁCULOS

16.1 PRECE/ORAÇÃO

Querido Pai Celestial, com o coração cheio de gratidão, me aproximo de Ti neste momento para reconhecer e agradecer por todas as bênçãos que tens derramado sobre a minha vida. Cada respiração, cada conquista, cada desafio superado é um testemunho da Tua graça generosa. Em Teu amor incondicional, encontro consolo e força para enfrentar os altos e baixos da vida.

Agradeço por cada oportunidade que colocaste diante de mim, por cada pessoa que cruzou o meu caminho, por cada lição que aprendi em meio às dificuldades. Tu és a fonte da vida e o farol que ilumina o meu caminho. Mesmo quando as nuvens escuras da incerteza se formam, reconheço que a Tua luz permanece inabalável, guiando-me com sabedoria e amor.

Hoje, Pai, venho também com um pedido sincero. Sabes que a jornada da vida é repleta de desafios e obstáculos. Às vezes, sinto-me desanimado diante das adversidades, e a perseverança parece distante. Nesses momentos, peço a Tua ajuda e orientação para cultivar a virtude da perseverança em meu coração.

Concede-me a compreensão para ver as lições ocultas nos desafios, para que eu possa crescer e amadurecer por meio das experiências da vida. Fortalece a minha determinação quando a fadiga ameaçar me dominar, e que a Tua presença constante seja a força que me impulsiona a seguir em frente, mesmo quando os obstáculos parecem insuperáveis.

Ensina-me a confiar no Teu plano perfeito, mesmo quando as respostas às minhas preces não são imediatamente evidentes. Que a minha fé seja como uma âncora, ancorando-me na esperança que ultrapassa as circunstâncias momentâneas. Capacita-me a manter a visão do propósito maior que Tu tens para a minha vida, mesmo quando as estradas se tornam difíceis de percorrer.

Pai, peço que o Teu Espírito Santo me guie, fortaleça e console ao longo desta jornada. Que a Tua paz, que ultrapassa todo entendimento, encha o meu coração, capacitando-me a enfrentar as tempestades com calma e confiança em Ti.

Em Teu nome, Senhor, confio meu agradecimento e meu pedido. Que a Tua graça continue a moldar a minha jornada, e que a perseverança floresça em meu ser para a Tua glória. Assim seja. Amém!

16.2 REFLEXÃO

Por que continuar seguindo em frente, independentemente dos obstáculos?

Num mundo repleto de desafios e encruzilhadas imprevisíveis, a escolha de continuar avançando, mesmo diante dos obstáculos que se erguem no caminho, transcende a mera decisão. Essa postura é, na verdade, uma declaração ousada de perseverança, uma afirmação ousada de que a jornada não é definida por dificuldades, mas sim pela coragem de enfrentá-las.

A vida, por natureza, é pontilhada por momentos de adversidade. São esses momentos que testam a essência de quem somos e nos desafiam a ir além de nossos limites autoimpostos. Persistir, então, torna-se uma resposta consciente a esses desafios, uma expressão de que somos mais fortes do que as circunstâncias que tentam nos conter.

Ao escolhermos seguir em frente, independentemente dos obstáculos, embarcamos numa jornada de autodescoberta e crescimento. Cada desafio enfrentado não é apenas uma barreira a ser superada, mas uma oportunidade de aprendizado e fortalecimento. A resiliência cresce em meio aos desafios, esculpindo-nos em edições mais resistentes e experientes de quem somos.

Essa determinação inabalável não é apenas sobre atingir metas externas, mas também sobre o desenvolvimento interno. A perseverança é a ferramenta que esculpe o caráter, construindo uma base sólida de paciência, tolerância e humildade. Enquanto navegamos pelas tormentas da vida, descobrimos que a verdadeira vitória muitas vezes reside na capacidade de manter a serenidade no olho do furacão.

Persistir diante dos ventos adversos é mais do que um simples avançar; é uma mensagem impactante. Representa a prova viva de que nossa força interior supera qualquer obstáculo externo. Cada passo é uma declaração, destacando que a jornada é tão preciosa quanto o destino final, e que o verdadeiro triunfo reside na própria caminhada.

Ou seja, em meio às dificuldades, encontramos não apenas desafios, mas também oportunidades de transformação. Cada pedra no caminho, cada obstáculo superado, carrega consigo lições preciosas que não podem ser aprendidas de outra maneira. A jornada, por mais árdua que seja, é o mestre que esculpe a sabedoria em nossas almas.

Entenda: a decisão de continuar seguindo em frente, independentemente dos obstáculos, é um compromisso com a própria existência. É a convicção de que a vida é um constante fluxo de desafios e descobertas, e que a perseverança é a bússola que nos guia por esse labirinto.

Nas palavras de Winston Churchill, "O sucesso é ir de fracasso em fracasso sem perder o entusiasmo". Persistir é, portanto, não apenas um ato, mas um estado de espírito que transcende as adversidades, iluminando o caminho para um destino moldado pela força interior e pela resiliência incansável.

16.3 MENSAGEM

Na jornada da vida, a perseverança emerge como a chave mestra capaz de desbloquear portas que, à primeira vista, parecem intransponíveis. É fácil sucumbir diante dos desafios, ceder ao peso das adversidades, mas é na resiliência perseverante que encontramos a força para enfrentar as tempestades. Cada passo adiante, mesmo que pequeno, é uma conquista que nos aproxima do sucesso almejado.

A persistência não é apenas uma qualidade, mas sim uma atitude transformadora. Diante das dificuldades, é preciso lembrar que os grandes feitos são frequentemente alcançados por meio de pequenos esforços repetidos incansavelmente. O caminho para o triunfo muitas vezes exige paciência e determinação, pois as portas que se apresentam como impenetráveis podem ser abertas com o toque constante da perseverança.

Ao persistir nos momentos desafiadores, não apenas construímos um caráter mais forte, mas também ampliamos nossos horizontes de possibilidades. As portas que antes pareciam hermeticamente fechadas se revelam portais para novas oportunidades e realizações.

Portanto, lembre-se: a perseverança não é apenas a chave, mas sim a força que nos impulsiona a ultrapassar barreiras e a conquistar o extraordinário. Em cada desafio, enxergue a oportunidade de se tornar uma versão melhor de si mesmo e de desvendar os segredos das portas que aguardam ser abertas pela força incansável da sua determinação.

16.4 FRASE DO DIA

A perseverança é a chave que abre portas aparentemente impossíveis.

IMERSÃO N.º 17
FÉ

CULTIVE A FÉ NA JORNADA E CONFIE NO PROCESSO DA VIDA

17.1 PRECE/ORAÇÃO

Senhor Todo-Poderoso, na certeza de Tua presença neste instante, expresso minha gratidão e admiração por enxergar e experimentar e reconhecer a grandiosidade do Teu poder, que vai além da minha compreensão humana. Tu és o Deus que governa os céus e a Terra, cujo poder não há igual.

Neste momento, agradeço pelo poder transformador da Tua presença em minha vida. Sei que és capaz de realizar o impossível, de trazer luz à minha escuridão e de restaurar o que está quebrado. Em meio aos desafios, reconheço que o Teu poder é a minha fortaleza, a rocha inabalável sobre a qual construo minha fé.

Peço, Senhor, que reveles cada vez mais o Teu poder em minha vida. Que a minha fé seja fortalecida ao contemplar a magnitude da Tua criação, ao testemunhar os milagres que operas diariamente e ao reconhecer a Tua soberania sobre todas as coisas.

Que a minha fé não seja apenas uma crença teórica, mas uma convicção profunda de que Tu és capaz de realizar obras grandiosas em mim. Que, ao enfrentar desafios, eu confie no Teu poder que opera em mim, capacitando-me a vencer as adversidades.

Por isso, nessa minha caminhada, peço a Tua orientação para cultivar a fé em cada passo que dou. Ajuda-me a semear a confiança no processo da vida, mesmo quando os caminhos parecem incertos e os desafios surgem. Vai fortalecendo a minha fé para que eu possa ver além das dificuldades, confiando que cada experiência molda quem eu sou.

Que, nas horas de dúvida, eu encontre a serenidade para confiar que Tu estás no controle, guiando-me com amor e sabedoria. Que, ao enfrentar as tempestades da vida, eu possa louvar-Te não apenas nos momentos de alegria, mas também nas dificuldades, confiando que Tua graça é suficiente para sustentar-me.

Ensina-me a apreciar cada etapa do processo da vida, reconhecendo que cada reviravolta tem um propósito. Que eu possa aprender e crescer por meio das experiências, mantendo a esperança viva e a fé inabalável. Que a confiança no Teu plano me inspire a seguir em frente com coragem e gratidão, pois, contigo, todas as coisas são possíveis. Assim seja. Amém.

17.2 REFLEXÃO

Por que cultivar a fé na jornada e confiar no processo da vida?

Cultivar a fé na jornada e confiar no processo da vida é fundamental para uma existência mais significativa e gratificante. Em um mundo repleto de desafios e incertezas, a fé atua como um guia interior, proporcionando um sentido mais profundo aos nossos passos.

Primeiramente, a fé na jornada oferece um alicerce sólido nos momentos de adversidade. Quando enfrentamos obstáculos aparentemente intransponíveis, a fé nos sustenta, permitindo-nos enxergar além das dificuldades imediatas. É como uma luz que ilumina o caminho, infundindo-nos com a esperança necessária para superar as tempestades da vida.

Além disso, cultivar a fé na jornada é um convite para apreciar cada fase da vida. Cada experiência, seja ela alegre ou desafiadora, contribui para a nossa jornada de crescimento e autodescoberta. Ao abraçarmos a fé, tornamo-nos mais receptivos às lições que a vida tem a oferecer, transformando os momentos cotidianos em oportunidades de aprendizado e evolução.

A confiança no processo da vida é igualmente crucial. Muitas vezes, ansiamos por controlar cada aspecto do nosso destino, esquecendo que a verdadeira magia reside na aceitação do desconhecido. Confiar no processo é render-se à fluidez da vida, reconhecendo que cada desvio e mudança de curso contribuem para a nossa jornada única.

Ao confiar no processo da vida, abrimo-nos para a surpresa e a maravilha do desconhecido. Aceitamos que nem sempre compreenderemos totalmente o porquê das coisas, mas confiamos que, no grande esquema das coisas, cada experiência contribui para a nossa narrativa pessoal. Essa confiança proporciona um senso de paz interior, permitindo-nos fluir com as circunstâncias em vez de resistir a elas.

Tenha certeza: a fé é como regar as sementes dos nossos sonhos. Assim como um jardineiro atencioso cuida das plantas com paciência e persistência, devemos nutrir nossas aspirações com confiança e esperança. Ao fazê-lo, permitimos que as raízes da fé se aprofundem, sustentando-nos nos momentos de desafio e florescendo em momentos de alegria.

A fé na jornada também é um escudo contra a incerteza. Na vida, deparamo-nos com encruzilhadas desconhecidas, mas a fé é a luz que ilumina o caminho, mesmo nas noites mais escuras. Ao confiar que cada passo, por menor que seja, tem um propósito, podemos caminhar com mais tranquilidade, sabendo que somos guiados por algo maior.

Além disso, confiar no processo da vida é aceitar que nem sempre teremos todas as respostas. É como flutuar suavemente em um rio, sem resistir à correnteza, mas confiando que ela nos levará para onde precisamos estar. A verdadeira magia acontece quando nos permitimos soltar as amarras do controle excessivo e abraçamos a fluidez do momento presente.

A confiança no processo também nos ensina a encontrar a beleza nas imperfeições. Muitas vezes, buscamos um caminho linear, esquecendo que a verdadeira jornada é repleta de reviravoltas, altos e baixos. Ao confiarmos que cada curva é uma oportunidade para o crescimento, transformamos as adversidades em degraus para uma evolução constante.

Portanto, cultivar a fé durante o caminhar e confiar no processo da vida é uma jornada em si mesma. É um compromisso diário de encontrar significado nos altos e baixos, de abraçar a incerteza com coragem e de confiar que, mesmo nos momentos mais desafiadores, estamos exatamente onde precisamos estar. Ao fazê-lo, descobrimos que a vida, com toda a sua complexidade, é como um intricado bordado, onde cada ponto contribui para a beleza do todo.

17.3 MENSAGEM

Na jornada da vida, a fé é a força que nos eleva acima dos desafios. É a chama interior que nos guia quando a estrada se torna difícil. Acreditar em algo maior nos dá a capacidade necessária para enfrentar qualquer tempestade.

A fé não é apenas uma crença, mas um impulso motivacional. Diante dos obstáculos, ela nos lembra que somos mais fortes do que imaginamos. É a convicção de que, mesmo nos momentos mais difíceis, há uma luz no fim do túnel, esperando por nós.

Portanto, mantenha a fé viva em seu coração e procure lembrar que cada desafio é uma oportunidade para crescer, cada obstáculo é uma chance de mostrar sua resiliência. Na fé, encontramos não apenas a força para superar, mas a energia para prosperar. Avance com fé, pois é ela que faz toda a diferença na jornada da vida.

17.4 FRASE DO DIA

Na fé, encontramos a força
para superar qualquer desafio.

IMERSÃO N.º 18
GRATIDÃO PELA VIDA

AGRADEÇA PELA DÁDIVA DA VIDA A CADA DIA

18.1 PRECE/ORAÇÃO

Divino criador, como tens me dado orientação para melhorar a minha vida! Hoje, mais uma vez sinto a Tua magnífica presença e com gratidão, expresso minha profunda apreciação pela dádiva inestimável da vida.

A cada despertar, sinto a conexão divina que permeia todo o meu ser, inclusive quando observo a natureza que me cerca, seja pelo canto dos pássaros, a brisa do vento, o brilhante sol, música dos pingos da chuva, das árvores, do cheiro da terra molhada, o arco-íris...

Obrigado, Senhor, pela respiração que enche meus pulmões, pela energia que flui em minhas veias e pela consciência que ilumina meus pensamentos. Que eu possa abraçar, com profunda apreciação, a maravilha de existir e encontrar motivação em cada batida do meu coração.

Motiva-me a ser grato não apenas pelos momentos felizes, mas também pelos desafios que fortalecem minha essência. Capacita-me a transformar obstáculos em oportunidades e a compartilhar essa atitude positiva com todos ao meu redor.

Que cada passo da minha jornada seja guiado pela gratidão, incentivando-me a ser um ser compassivo, benevolente e repleto de alegria. Que, ao agradecer pela dádiva da vida a cada dia, eu possa criar um mundo onde a luz da gratidão brilhe em cada coração e que eu possa estar bem em cada despertar firme no teu amor e na tua graça.

Reconheço que és a fonte infindável da vida que percorre meu ser, e, a cada inspiração, sinto o sopro da Tua essência revelando Tua bondade em meu interior. Aceito com profundo respeito o presente da vida, compreendendo que é uma responsabilidade sagrada e uma oportunidade singular de crescimento, aprendizado e contribuição para a vastidão da criação.

Neste ato de gratidão, peço a orientação divina para ser um ser melhor a cada dia. Capacita-me a enxergar as lições que se escondem nos desafios, a encontrar a sabedoria no aparente caos da vida. Concede-me a coragem para ser compassivo diante das dores alheias e a empatia para compreender as jornadas dos meus irmãos e irmãs na Terra.

Ajuda-me a ser um farol de amor e compaixão, irradiando a luz que emana da Tua presença. Que minhas palavras sejam suaves como uma brisa acariciando os corações cansados, e que minhas ações reflitam a bondade que flui do Teu amor infinito. Que eu seja um instrumento da Tua paz, contribuindo para a construção de um mundo mais justo e harmonioso.

Guia-me, ó Deus misericordioso, para alcançar meu potencial mais elevado. Inspira-me a nutrir a minha alma com a verdade, a bondade e a beleza que existem ao meu redor. Que eu possa crescer em compreensão, paciência e humildade, transformando-me continuamente para refletir a imagem do ser humano que desejas que eu seja.

Em cada passo da minha jornada, sussurra-me palavras de encorajamento quando o caminho se tornar íngreme; sustenta-me com a Tua graça quando a carga parecer pesada demais. Que minha vida seja um testemunho vibrante da Tua misericórdia e do Teu amor incondicional.

Em profunda gratidão pela dádiva da vida, comprometo-me a honrar este presente, a crescer com gratidão e a espalhar a luz do Teu amor aonde quer que eu vá. Que assim seja. Amém!

18.2 REFLEXÃO

Por que agradecer pela dádiva da vida a cada dia?

Viver é mais do que uma sucessão de dias; é uma dádiva extraordinária que muitas vezes passa despercebida em meio à rotina frenética. Por que, então, agradecer pela dádiva da vida a cada dia? Essa indagação nos convida a uma jornada de reflexão profunda, abrindo caminho para descobertas que transcendem as palavras e tocam a essência de nossa existência.

A vida é breve, como um rápido sopro no tempo, algo que frequentemente subestimamos. A prática diária da gratidão não se resume a uma formalidade educada; é, na verdade, um reconhecimento profundo da transitoriedade da nossa jornada. A cada manhã que acordamos, recebemos o presente da oportunidade de viver, de mergulhar nas diferentes facetas da existência.

A vida, por sua natureza, apresenta desafios. Ao agradecermos pela dádiva da vida, não ignoramos as adversidades, mas escolhemos transformá-las em oportunidades de crescimento. Cada obstáculo é uma chance de superação, uma força que nos impulsiona a evoluir e a nos tornarmos seres mais resilientes.

A prática da gratidão não é apenas um ritual, mas uma força motriz capaz de transformar nossa perspectiva. Ao focarmos nas bênçãos, nas pequenas alegrias cotidianas, nossa visão se amplia, e a vida se torna um mosaico de momentos significativos. A gratidão, assim, é a chama que ilumina os dias mais sombrios e o poder transformador do íntimo de cada ser humano.

Ao agradecermos pela dádiva da vida, reconhecemos a beleza das conexões humanas. Os relacionamentos se tornam não apenas laços sociais, mas fios que tecem uma teia de apoio e significado. Cultivar relações autênticas não só enriquece nossa jornada, mas nos sustenta nos momentos desafiadores.

Cada dia é uma oportunidade de celebrar as pequenas vitórias que, somadas, constroem uma existência plena. Agradecer por cada passo à frente, por cada lição aprendida, nos ensina a apreciar a jornada em si, não apenas o destino final. A vida é feita de instantes, e cada um merece ser celebrado.

Por isso, agradecer pela dádiva da vida a cada dia é superior a mera expressão de meras palavras: é uma atitude que nos conecta com as raízes mais profundas de nossa existência. Nessa trajetória que é viver, o ato de agradecer se torna uma bússola que nos orienta na compreensão do propósito e significado que cada novo amanhecer traz consigo.

Acontece que vivemos em um mundo muitas vezes marcado por desafios e incertezas e é sentindo a gratidão pela dádiva da vida que nasce a certeza de que a caminhada vale a pena, pois tanto os desafios como as incertezas transformam-se em possibilidades de evolução. Isso porque, a cada expressão de gratidão, estamos reconhecendo a beleza nos detalhes simples, nos momentos cotidianos que muitas vezes passam despercebidos. É como abrir os olhos para o espetáculo maravilhoso que é estar vivo.

Tenha em mente que agradecer pela vida diariamente é mais do que um gesto de etiqueta; é um convite para uma jornada de autodescoberta e apreciação. Ao fazê-lo, estamos cultivando uma mentalidade positiva que transcende as dificuldades. Estamos optando por enxergar a vida não apenas como uma sequência de acontecimentos, mas como um tecido ricamente entrelaçado de experiências, aprendizado e desenvolvimento.

Tenha certeza: essa atitude de gratidão nos motiva a abraçar cada momento com plenitude, a encontrar significado nas pequenas coisas e a celebrar as conquistas, por mais modestas que sejam. Todos nós temos a consciência de que a vida é breve, transitória e limitada no tempo, e agradecer por ela diariamente nos permite sentir e valorizar cada respiração, cada riso, cada desafio superado, cada momento...

Além disso, a prática da gratidão pela dádiva da vida nos conecta com algo maior do que nós mesmos. É o reconhecimento de que todas as coisas estão interligadas, incluindo nossa conexão com a natureza e o universo. Ao expressarmos gratidão, de certa forma, estamos demonstrando respeito pela ordem grandiosa que permeia o cosmos.

Assim, agradecer pela vida a cada dia é um convite para viver com propósito. É despertar para a beleza que existe em nosso redor, nutrindo relações mais profundas consigo mesmo, com os outros e com o mundo. É encontrar, em meio à complexidade da existência, motivos para sorrir, aprender e evoluir.

Que a prática diária da gratidão seja a âncora que nos mantém firmes, a vela que ilumina nosso caminho, e o eco constante que nos lembra de que a vida é, verdadeiramente, uma dádiva extraordinária. Viver com gratidão é viver com o coração aberto para todas as possibilidades que cada novo dia traz consigo. É escolher, a cada amanhecer, não apenas existir, mas viver plenamente.

18.3 MENSAGEM

Em cada "obrigado(a)" sincero, desbloqueamos portas para a abundância. A gratidão não é apenas uma palavra; é uma vibração que atrai positividade. Ao reconhecer e apreciar as pequenas dádivas diárias, estamos sinalizando ao universo que estamos prontos para receber mais.

A abundância não se mede apenas em conquistas materiais, mas na riqueza de experiências e relacionamentos que cultivamos. Na gratidão, encontramos a capacidade de transformar o comum em extraordinário, o suficiente em mais do que suficiente.

Cada "obrigado(a)" é uma nota na sinfonia da nossa jornada, harmonizando nossas vidas com o universo. Viver com gratidão é abrir portas para novas oportunidades, construir pontes mais sólidas com as pessoas ao nosso redor e descobrir tesouros escondidos nos momentos simples.

Que a gratidão seja a luz que guia nossos passos, revelando a beleza na jornada cotidiana. Em cada expressão de gratidão, encontramos não apenas uma chave, mas um portal para uma vida verdadeiramente abundante. Que cada dia seja marcado pelo agradecimento, tornando nossa jornada mais rica, mais significativa e repleta de bênçãos inesperadas.

18.4 FRASE DO DIA

Na gratidão, encontramos a chave para a abundância.

IMERSÃO N.º 19
APRENDIZADO

VEJA CADA DESAFIO COMO UMA OPORTUNIDADE DE APRENDIZADO

19.1 PRECE/ORAÇÃO

Amado Deus, fonte inesgotável de sabedoria e vida, rendo meu coração em humilde gratidão pela dádiva incomparável da aprendizagem. Reconheço que, em Tua infinita sabedoria, reside a origem de todo ensino e entendimento. É com reverência que busco a luz do Teu conhecimento para iluminar meus caminhos e guiar meus passos nesta estrada do autoconhecimento.

Senhor, ensina-me a arte de aprender a aprender. Concede-me a paciência para absorver cada lição, a humildade para reconhecer minhas limitações e a determinação para superar desafios. Que minha mente se abra como um livro, pronta para receber os tesouros do saber que Tu, em Tua graça, compartilhas comigo.

Em meio às dificuldades, fortalece minha fé para perseverar, pois compreendo que cada obstáculo é uma oportunidade disfarçada de crescimento. Que minhas falhas se transformem em lições valiosas, e minhas conquistas sejam motivo para agradecer. Em todos os momentos, confio em Tua orientação divina para me conduzir pelas complexidades da aprendizagem.

Expresso minha profunda gratidão por cada professor, mentor e guia que Tu colocaste em meu caminho. São instrumentos da Tua graça, conduzindo-me a novos patamares de entendimento. Que eu possa, por minha vez, ser um instrumento do Teu amor e sabedoria na vida daqueles que me cercam.

Deus misericordioso, em Teu nome, peço discernimento para distinguir entre o conhecimento que engrandece e a sabedoria que transforma. Que o aprendizado que adquiro seja uma chama, iluminando não apenas minha vida, mas também o mundo ao meu redor.

Concede-me, ó, Senhor, a sabedoria para aplicar o que aprendo em benefício da humanidade, promovendo a justiça, a compaixão e a harmonia. Que cada passo na jornada do aprendizado seja guiado pela luz da Tua verdade, e que minha busca por conhecimento seja permeada pela consciência de Tua presença constante.

Em Ti deposito meus anseios, minhas dúvidas e minhas aspirações. Que cada página do livro da minha jornada de aprendizado seja cuidadosamente escrita com as tintas da Tua graça e amor, transformando-as em testemunhos vivos da Tua bondade. Em nome de Jesus Cristo, eu elevo esta prece e oração. Assim seja. Amém!

19.2 REFLEXÃO

Por que ver cada desafio como uma oportunidade de aprendizado?

Ver cada desafio como uma oportunidade de aprendizado é um princípio transformador que transcende as adversidades da vida, moldando-nos em seres mais resilientes, sábios e compassivos. Cada desafio, como uma página única no livro da nossa jornada, carrega consigo uma lição valiosa esperando ser desvendada.

Desafios são como mestres disfarçados, apresentando-nos a oportunidade de desenvolver habilidades que, de outra forma, permaneceriam adormecidas. No âmago de cada obstáculo, esconde-se uma lição, uma chance de crescimento pessoal e espiritual. Ao abraçar os desafios, não apenas aprendemos sobre o mundo ao nosso redor, mas também sobre nós mesmos.

A verdadeira importância de ver os desafios como oportunidades de aprendizado reside na capacidade de transformar o negativo em positivo. Cada revés, cada contrariedade, torna-se um trampolim para alcançar novos patamares de compreensão e amadurecimento. A sabedoria que ganhamos dessas experiências molda nossa perspectiva, permitindo-nos enfrentar futuros desafios com maior clareza e confiança.

Na humanidade, essa mentalidade é a essência da inovação e progresso. Grandes conquistas muitas vezes nascem da superação de obstáculos aparentemente insuperáveis. A história está repleta de exemplos de indivíduos e sociedades que transformaram desafios em oportunidades, impulsionando avanços significativos.

Refletir sobre os desafios como oportunidades de aprendizado nos convida a abandonar a mentalidade de vítima e abraçar uma postura ativa diante das adversidades. Isso implica questionar, aprender, adaptar e evoluir constantemente. Em vez de sucumbir à pressão dos desafios, somos desafiados a crescer por meio deles.

Essa abordagem motivacional sugere que, em vez de temer os desafios, devemos recebê-los como catalisadores de crescimento. Cada experiência difícil é uma aula no grande curso da vida, e, ao aprendermos suas lições, nos tornamos mais capazes de enfrentar as incertezas do amanhã.

Portanto, a importância de ver cada desafio como uma oportunidade de aprendizado reside na capacidade de transformar obstáculos em trampolins para o sucesso. Ao internalizar essa mentalidade, não apenas melhoramos como indivíduos, mas também contribuímos para o florescimento da humanidade como um todo. Nos desafios, encontramos não apenas obstáculos, mas a matéria-prima para a construção de um futuro mais resiliente e promissor.

19.3 MENSAGEM

No percurso do aprendizado, desvendamos a sabedoria que verdadeiramente transforma, e isso se justifica por razões claras. Em primeiro lugar, a experiência atua como uma professora incomparável. Ao nos depararmos com desafios e vivenciarmos diversas situações, adquirimos lições valiosas que os livros, por vezes, não conseguem transmitir. Em segundo lugar, a reflexão sobre nossas vivências revela-se como um ingrediente mágico. Analisar o que experimentamos não apenas aprimora nossa compreensão da vida, mas também proporciona uma melhor compreensão de nós mesmos.

Essa concepção nos revela que o aprendizado vai além do simples acúmulo de informações; ele reside na aplicação prática do conhecimento no cenário da vida real. A verdadeira sabedoria manifesta-se ao utilizarmos esse conhecimento para tomar decisões mais acertadas e enfrentar as situações com uma abordagem mais perspicaz e inteligente. Em suma, não é apenas sobre o que sabemos, mas sobre como efetivamente empregamos esse conhecimento para melhorar nossa qualidade de vida e influenciar positivamente nosso entorno.

Então, como viver essa ideia? Mantenha a mente curiosa, sempre buscando aprender algo novo. Encare os desafios como oportunidades de crescimento, e não tenha medo de errar, pois os erros também ensinam. Reserve um tempo para refletir regularmente sobre suas experiências. Isso não só solidificará o que aprendeu, mas também abrirá portas para uma sabedoria mais profunda. Em resumo, no aprendizado, encontramos a chave para uma vida mais rica e transformadora.

19.4 FRASE DO DIA

*No aprendizado, encontramos
a sabedoria que transforma.*

IMERSÃO N.º 20
INTENÇÃO

ESTABELEÇA INTENÇÕES POSITIVAS PARA O DIA E PARA A VIDA

20.1 PRECE/ORAÇÃO

Amado Deus, em humildade e gratidão, elevo minha voz a Ti, reconhecendo Tua soberania e amor infinito. Hoje, Senhor, peço Tua orientação divina para estabelecer intenções positivas em meu coração, moldando não apenas meu dia, mas toda a trajetória da minha vida.

Que a luz da Tua sabedoria ilumine meus pensamentos, para que minhas intenções sejam reflexos da Tua vontade benevolente. Capacita-me, Pai celestial, a alinhar meus propósitos com os Teus desígnios, para que eu possa ser instrumento de amor, compaixão e bondade neste mundo.

Senhor, que minhas intenções sejam guiadas pelo desejo sincero de crescer espiritualmente e contribuir positivamente para o bem comum. Que eu busque a paz interior, a serenidade diante dos desafios e a compreensão diante das adversidades.

Dá-me a força para estabelecer intenções que promovam a harmonia em meus relacionamentos, que eu seja paciente e generoso, espelhando o amor que Tu tens por cada um de nós. Que minhas ações revelem Tua graça, Senhor, e inspirem outros a seguir o caminho da retidão.

Deixe-me, ó Deus, estabelecer intenções positivas para comigo mesmo, reconhecendo minha própria valia e amando-me como Tu me amas. Que eu cultive a autoconfiança, a resiliência e a gratidão, reconhecendo que sou uma criação única e preciosa aos Teus olhos.

Pai celestial, ensina-me a estabelecer intenções que estejam alinhadas com o propósito divino que tens para minha vida. Que eu possa ser sensível à Tua orientação, buscando incessantemente o conhecimento que provém da Tua palavra e da Tua presença constante.

Que a cada amanhecer, eu possa renovar minhas intenções, inspirado pela confiança de que estou caminhando ao lado do meu Criador. Que a Tua luz guie meus passos, e que as intenções positivas que estabeleço sejam sementes plantadas em solo fértil, florescendo em frutos de amor, esperança e paz.

Com humildade e fé, entrego a Ti minhas intenções, confiando que, em Tua infinita bondade, encontrarão eco nos planos que tens para mim. Assim seja. Amém!

20.2 REFLEXÃO

Por que estabelecer intenções positivas para o dia e para a vida?

Num mundo onde a rotina muitas vezes nos envolve em um emaranhado de responsabilidades e desafios, a prática de estabelecer intenções positivas revela-se como uma bússola confiável para guiar nossa jornada diária e, por extensão, nossas vidas.

Vivemos em uma época marcada por constantes pressões e exigências, em que o medo do fracasso e a ansiedade quanto ao futuro são sombras persistentes que pairam sobre nossas mentes. A procrastinação, muitas vezes, torna-se uma maneira de lidar com essas emoções avassaladoras, adiando o enfrentamento das tarefas que poderiam impulsionar nossos sonhos.

Estabelecer intenções positivas é um antídoto contra essa espiral negativa. Ao definirmos metas claras e focarmos em aspirações positivas, rompemos com o ciclo de medo e ansiedade. Cada intenção positiva é um ato de coragem, desafiando os receios que nos paralisam e nos encaminhando na direção da realização pessoal.

A procrastinação, muitas vezes alimentada pelo medo do desconhecido, cede espaço à ação direcionada. O simples ato de estabelecer intenções positivas quebra as correntes que nos prendem à inércia, convidando-nos a avançar com determinação e propósito.

Além disso, ao elevarmos nosso nível de emoções positivas, estamos construindo um escudo contra as adversidades. A vida é repleta de desafios inevitáveis, mas a forma como escolhemos enfrentá-los é determinada pelas nossas atitudes e perspectivas. Intenções positivas não só iluminam nosso caminho, mas também fortalecem nossa resiliência diante das tempestades.

Ao destacarmos o poder das intenções positivas, reconhecemos que não se trata apenas de um exercício matinal, mas de uma filosofia de vida. É um compromisso diário de cultivar um estado mental que não só enfrenta os medos e a ansiedade, mas que os transcende, transformando-os em combustível para o crescimento pessoal.

Nesse processo de autoconhecimento e superação, descobrimos que a verdadeira motivação não vem apenas da realização de tarefas, mas do alinhamento com nossos valores mais profundos. Ao nos conectarmos com nossas intenções positivas, damos significado a cada passo, transformando a jornada da vida em uma experiência rica e gratificante.

Entenda: estabelecer intenções positivas é uma escolha consciente de viver uma vida impulsionada pela esperança, coragem e determinação. Cada intenção é um lembrete de que somos os autores de nossa narrativa, capazes de transformar desafios em oportunidades e, assim, moldar nosso destino com um leque de emoções positivas.

20.3 MENSAGEM

Nas intenções positivas, descobrimos um extraordinário poder de autodeterminação, capaz de esculpir a realidade à nossa imagem desejada. Cada pensamento positivo é como uma semente plantada no solo fértil da mente, pronta para florescer em ações concretas e experiências gratificantes. Ao definirmos intenções positivas, estamos, de fato, moldando ativamente o curso dos nossos dias e construindo o amanhã que desejamos viver.

Essa prática não se trata apenas de uma visão otimista, mas de um compromisso corajoso em direção à autenticidade e ao florescimento pessoal. Ao abraçarmos intenções positivas, transformamos desafios em oportunidades, medos em forças impulsionadoras e obstáculos em degraus para o sucesso. Lembre-se: o poder de criar a nossa realidade reside não apenas nos grandes feitos, mas nas escolhas diárias que refletem a nossa visão positiva do mundo.

Perceba: ao despertarmos a força das intenções positivas dentro de nós, abrimos as portas para um universo de possibilidades, onde a autenticidade, o crescimento e a felicidade são os resultados naturais dessa jornada interior. Avance, confiante na sua capacidade de moldar a sua realidade com pensamentos positivos e intenções sinceras. O mundo é o que fazemos dele, e nas intenções positivas encontramos o poder de criar a vida que merecemos viver.

20.4 FRASE DO DIA

*Nas intenções positivas, encontramos
o poder de criar a nossa realidade.*

IMERSÃO N.º 21
AMIZADE

CELEBRE A AMIZADE VERDADEIRA QUE ILUMINA NOSSAS VIDAS

21.1 PRECE/ORAÇÃO

Querido Deus, neste momento íntimo e sagrado, expresso a Ti minha gratidão pela dádiva da amizade que ilumina minha vida como uma luz divina. Agradeço por cada amigo que colocaste em meu caminho, enriquecendo minha jornada com amor, apoio e alegria.

Senhor, guia-me para ser um amigo leal e compassivo, refletindo Tua bondade em cada interação. Que minha amizade seja um testemunho do amor que vem de Ti, sustentando-me nas alegrias e fortalecendo-me nas adversidades.

Abençoa, Deus misericordioso, os laços entre mim e meus irmãos independentemente da fé que professamos, para que possamos construir relacionamentos de compreensão e respeito. Que nossa união seja fortalecida pelo Teu amor incondicional, manifestando-se em gestos de solidariedade e apoio mútuo.

Dirijo-me a Ti também em relação àqueles que, porventura, se colocam como inimigos em meu caminho. Concede-me a sabedoria para compreender, perdoar e agir com compaixão. Que a luz da Tua graça dissipe as sombras da hostilidade, transformando inimizades em oportunidades de reconciliação.

Peço, Senhor, por um coração disposto a perdoar, inspirado pelo Teu exemplo divino de misericórdia. Que o perdão floresça em meus relacionamentos, permitindo que feridas se curem e que o amor prevaleça sobre qualquer desavença.

Concede-me, Deus da sabedoria, discernimento para escolher o caminho certo em minhas relações, para compreender as complexidades humanas e agir com benevolência e compreensão. Que eu busque a verdade, a paz e a harmonia, guiado pela Tua sabedoria eterna.

Que este momento, ó, Senhor, seja como uma melodia suave que ecoa em meu ser, impulsionando-me a cultivar verdadeira amizade, fé e perdão. Em Teu nome, expresso minha gratidão e coloco diante de Ti meus anseios, confiando na Tua orientação constante para guiar meus passos. Assim seja. Amém!

21.2 REFLEXÃO

Por que celebrar a amizade verdadeira que ilumina nossas vidas?

Celebrar a amizade verdadeira, que irradia como uma luz brilhante em nossas vidas, é mais do que um ato de reconhecimento; é uma celebração profunda daquilo que nos torna humanos. A amizade verdadeira, como uma chama constante, ilumina os recantos mais escuros da existência, dissipando a solidão e trazendo calor aos momentos mais frios.

Ao celebrarmos a amizade verdadeira, estamos, essencialmente, homenageando a conexão genuína que transcende palavras e gestos. Essa celebração não é apenas um tributo à alegria compartilhada nos momentos de triunfo, mas também uma reverência aos laços que se fortalecem nos períodos de conflito. É um reconhecimento da força resiliente que a amizade verdadeira oferece, sustentando-nos quando nossos passos vacilam.

Além disso, a celebração da amizade verdadeira é um ato de gratidão pela presença constante de almas afins em nossa jornada. É um reconhecimento da riqueza que essas amizades trazem às nossas vidas, transformando a monotonia em aventuras e os desafios em oportunidades de crescimento conjunto.

Celebrar a amizade verdadeira é também um lembrete de que, em um mundo muitas vezes marcado pela transitoriedade, esses laços são âncoras preciosas. São faróis confiáveis que nos guiam pelas marés incertas da vida, ancorando-nos em uma rede de apoio que vai além das circunstâncias.

Assim, celebramos a amizade verdadeira não apenas como um evento, mas como um compromisso contínuo de nutrir e valorizar as relações que iluminam nosso caminho. É uma reverência àquelas almas que escolheram caminhar ao nosso lado, compartilhando risadas, secando lágrimas e colorindo a tapeçaria da vida com a tinta vibrante da verdadeira camaradagem.

Entenda: celebrar a amizade verdadeira é, em última instância, uma homenagem à beleza intrínseca da conexão humana. É um convite para reconhecer, apreciar e, acima de tudo, cultivar esses laços que, como estrelas cintilantes no céu noturno, iluminam nosso caminho e tornam nossa jornada mais significativa.

21.3 MENSAGEM

Nas amizades, encontramos tesouros inestimáveis que permeiam nossas vidas com significado e calor. Cada amigo é como uma joia única, moldada pela confiança, apoio e experiências compartilhadas. Esses laços especiais não apenas iluminam nossa jornada, mas também oferecem refúgio nos dias difíceis e multiplicam as alegrias nos momentos felizes.

Os tesouros das amizades são duradouros, crescendo em valor com o tempo. São pedras preciosas lapidadas pela superação de desafios e pela evolução conjunta. Cada risada partilhada e lágrima enxugada contribui para a resplandescência desse tesouro vivo, refletindo a autenticidade e a beleza das conexões verdadeiras.

Reconhecer o valor inestimável das amizades inspira-nos a cultivar esses laços com cuidado e gratidão. Cada amigo acrescenta um brilho único à narrativa da vida, enriquecendo a trama da existência com capítulos preciosos. Nas amizades verdadeiras, descobrimos que os verdadeiros tesouros não estão guardados em cofres, mas sim nos corações generosos daqueles que escolhemos chamar de amigos.

21.4 FRASE DO DIA

Nas amizades, encontramos tesouros inestimáveis.

IMERSÃO N.º 22
CRIATIVIDADE

CULTIVE A CRIATIVIDADE COMO UMA EXPRESSÃO DA ALMA

22.1 PRECE/ORAÇÃO

Amado Criador, fonte inesgotável de sabedoria e inteligência que permeia todo o Universo, hoje me volto a Ti mais uma vez em humilde prece, reconhecendo a grandiosidade do dom da criatividade que depositaste em minha alma.

Em tua infinita generosidade, concedeste-me a capacidade de criar, de dar forma ao inexplorado, de trazer à luz novas ideias que refletem a beleza da Tua criação. Peço, ó Divino Arquiteto, que me guies em minha jornada criativa, que minha mente se abra para inspirações divinas que possam florescer como expressões autênticas de minha alma sob a primazia do Teu amor.

Senhor, ensina-me o valor do desapego, para que eu possa deixar ir as limitações autoimpostas, permitindo que a criatividade flua livremente. Que eu compreenda que, ao me desvincular do medo e das amarras do convencional, me aproximo da verdadeira essência da criação.

Concede-me, oh Deus misericordioso, a paciência necessária para cultivar a criatividade em meu interior. Sabendo que muitas vezes o fruto da inovação requer tempo para amadurecer, que eu tenha a serenidade para enfrentar os desafios, perseverando com a confiança de que, no momento certo, a resposta criativa se revelará.

Que a caridade guie minhas mãos criativas, para que eu possa utilizar meus dons em benefício do próximo, compartilhando ideias que inspirem, curem e elevem corações. Que a honestidade seja a força que molda minha criatividade, para que minhas expressões reflitam a verdade do meu ser mais profundo.

Com gratidão, expresso minha apreciação pelas dádivas da criatividade que me capacitam a participar ativamente na construção de Tuas obras neste mundo. Que eu esteja plenamente consciente de que, ao manifestar minha criatividade, estou harmonizando meus esforços com a Tua vontade em uma constante conexão íntima com a Tua inteligência Divina.

Assim seja. Amém!

22.2 REFLEXÃO

Por que cultivar a criatividade como uma expressão da alma?

A criatividade, muitas vezes, é tratada como uma habilidade externa, um talento reservado para artistas e inovadores. No entanto, ela é muito mais do que isso. Cultivar a criatividade é uma jornada profunda que transcende a simples produção artística, é uma expressão da alma, uma viagem motivacional para desvendar os tesouros internos que ajustam nossa singularidade.

Ao mergulharmos nesse processo, começamos a compreender que a criatividade é a linguagem da alma, uma manifestação única de nossa essência. É como se cada faísca criativa fosse um fragmento do nosso ser interior, uma peça do quebra-cabeça que compõe a complexidade e beleza da nossa identidade.

Cultivar a criatividade é, portanto, uma afirmação da nossa humanidade. É um ato de descoberta constante, onde nos tornamos arquitetos das nossas próprias experiências. Por meio da criatividade, exploramos o vasto território da imaginação, dando forma a pensamentos e sentimentos que, muitas vezes, escapam às palavras.

Além disso, a criatividade é um caminho motivacional para a autorreinvenção. Ao nos permitirmos criar, reconhecemos que somos capazes de transformar não apenas o mundo ao nosso redor, mas também o nosso próprio eu. Cada obra é um ato de autotransformação, uma renovação constante que nos desafia a ir além dos limites autoimpostos.

A jornada criativa também nos conecta com a riqueza da diversidade humana. Cada expressão criativa é um testemunho da variedade infinita de perspectivas, experiências e emoções que existem dentro de cada um de nós. Ao valorizarmos a criatividade como uma expressão única de alma, celebramos a individualidade e contribuímos para a ordem da plena existência.

Por fim, cultivar a criatividade é um ato de resistência contra a monotonia da vida cotidiana. É um chamado para despertar o potencial adormecido, para explorar os cantos menos visitados da nossa mente e descobrir a beleza escondida nos detalhes simples.

Entenda: acolher a criatividade como expressão da alma é caminhar rumo ao próprio interior, criando a oportunidade da reforma íntima. Com isso, descobrimos não apenas a capacidade de criar, mas também a magia de se reconectar com nossa essência mais profunda. Portanto, permita-se explorar, inovar e, acima de tudo, celebre a beleza única que emerge quando a criatividade se torna a voz autêntica da sua alma.

22.3 MENSAGEM

A criatividade é como uma chave que destranca a porta para quem realmente somos. Quando exploramos nossa criatividade, escapamos das regras e expectativas, abrindo caminho para a liberdade de expressão. Cada ideia, desenho ou música que criamos é uma parte autêntica de nós mesmos, uma maneira de mostrar ao mundo a singularidade que nos torna especiais.

Em meio às pressões diárias, a criatividade se torna nosso refúgio pessoal. É onde desafiamos o comum, escapamos da rotina e revelamos nossa verdadeira essência. Ao sermos criativos, construímos uma ponte entre quem somos internamente e como nos apresentamos ao mundo. É uma mensagem que ultrapassa barreiras e conecta pessoas.

Assim, a expressão criativa não é apenas sobre fazer algo bonito, mas uma trajetória para nos descobrirmos e nos fortalecermos. Ao deixarmos nossa imaginação nos guiar, encontramos não apenas nossa capacidade de criar, mas também a força transformadora de ser autêntico.

Que a criatividade seja uma lembrança constante de que, ao sermos nós mesmos, inspiramos outros a fazerem o mesmo, construindo um mundo onde cada um é celebrado por ser exatamente quem é.

22.4 FRASE DO DIA

Na criatividade, encontramos a liberdade de expressar quem realmente somos.

IMERSÃO N.º 23
CONSCIÊNCIA

ESTEJA CONSCIENTE DE SUAS ESCOLHAS E IMPACTO NO MUNDO

23.1 PRECE/ORAÇÃO

Querido Deus, em Tua presença, busco a luz da consciência, reconhecendo o poder das minhas escolhas e seu impacto no vasto tecido do mundo que habito. Concede-me a sabedoria para compreender a interconexão entre o presente, o passado e o futuro, guiando-me na construção de um destino mais harmonioso.

Tu És a interconexão de toda humanidade diante da vastidão do universo, por isso eu Te peço a graça da contínua expansão da minha consciência além dos limites do meu ser, abraçando a humanidade como uma única família, capacitando-me a enxergar a divindade que reside em cada ser humano, permitindo-me expressar amor e compaixão a todos os Teus filhos.

Neste trajeto da existência, guia-me na busca da consciência de mim mesmo, revelando os recantos mais profundos da minha alma. Que eu possa encontrar a verdadeira essência que reside em meu ser, promovendo a construção interior que me leva à plenitude.

Que eu possa, com olhos abertos, abraçar a plena consciência do momento presente, entendendo que cada decisão ressoa além do agora. Concede-me a bênção de compreender que a consciência do divino permeia todas as minhas ações, iluminando o caminho para um futuro repleto de compaixão e entendimento.

Obrigado, Senhor, pelas maravilhas que a vida me oferece, por cada oportunidade de aprender e crescer a cada decisão que tomo. Que a gratidão, como uma chama ardente, ilumine cada passo que dou, especialmente nos momentos desafiadores, fazendo-me lembrar e sentir com emoção que a jornada é tão valiosa quanto o destino.

Amado Deus, eu te peço do mais profundo sentimento: guia-me na trilha da generosidade, para que cada uma das minhas ações se torne uma fonte vibrante de inspiração e positividade. Que, ao explorar os recantos mais íntimos do meu ser, eu possa não apenas compreender a mim mesmo, mas também vislumbrar uma compreensão mais profunda daqueles que me rodeiam.

Oh Deus, em Tua infinita sabedoria, desperta em minha consciência a compreensão profunda da minha existência. Agradeço por cada respiração, por cada batida do meu coração, por este precioso dom da vida que me concedeste.

Peço, oh Deus, que sustente meus passos no caminho da verdade e da justiça. Que minha jornada seja permeada pela sabedoria divina, para que eu possa contribuir para a construção de um mundo mais justo e compassivo. Capacita-me a ser um instrumento de paz, promovendo a compreensão e a solidariedade entre os irmãos e irmãs da humanidade.

Agradeço por esta oportunidade de crescimento espiritual e peço por forças para superar desafios. Que a Tua luz ilumine meu caminho, fortalecendo minha consciência para fazer escolhas alinhadas com Teus ensinamentos. Abençoa-me com discernimento para distinguir o certo do errado, e concede-me a graça de aprender e evoluir a cada experiência.

Com humildade e gratidão, entrego a Ti meus anseios e agradeço por Tua presença constante em minha vida. Assim seja. Amém!

23.2 REFLEXÃO

Por que estar consciente de suas escolhas e impacto no mundo?

Estar consciente de nossas escolhas e do impacto que exercem no mundo não é apenas uma questão de responsabilidade, mas uma oportunidade de moldar um futuro mais positivo e significativo. Cada decisão que tomamos, por menor que seja, ecoa pelo tecido interligado da existência, influenciando não apenas nossas vidas, mas também o mundo ao nosso redor.

A consciência das nossas escolhas é como acender uma luz no caminho da autodescoberta. Ao compreendermos o peso de nossas decisões, abrimos a porta para a evolução pessoal e a contribuição para um mundo melhor. Quando agimos com consciência, transcendemos a inércia do cotidiano e nos tornamos agentes ativos de mudança.

Cada ato, por mais insignificante que pareça, cria ondulações que alcançam lugares distantes. Se optamos por praticar a empatia, a compaixão e a sustentabilidade, estamos plantando sementes que podem florescer em um jardim de harmonia global. Da mesma forma, escolhas impulsivas e inconscientes podem semear discordâncias e desequilíbrios.

Ao percebermos que somos coautores do nosso destino e cocriadores do mundo em que vivemos, somos chamados a uma responsabilidade profunda. A consciência das nossas escolhas nos convida a questionar, aprender e evoluir constantemente. Cada decisão informada e ponderada é um passo em direção a um eu mais elevado e a uma sociedade mais justa.

Além disso, a consciência das escolhas promove a conexão humana. Ao entendermos que estamos todos interligados, nossas decisões individuais ganham um significado coletivo. O respeito pela diversidade, a promoção da inclusão e a busca pela justiça tornam-se não apenas ideais nobres, mas direções fundamentais para a construção de uma comunidade global mais equitativa e compassiva.

Portanto, a consciência das escolhas não é apenas uma responsabilidade, mas uma dádiva que nos permite ser construtores de um mundo melhor. Cada escolha informada é uma contribuição valiosa para o florescimento da humanidade e do planeta. Ao estarmos conscientes do nosso poder de impacto, somos convocados a agir com sabedoria, amor e propósito, criando e propagando um legado duradouro ao longo das gerações.

23.3 MENSAGEM

Na essência da consciência reside o mapa que nos guia em direção a uma vida verdadeiramente significativa. Quando nos permitimos mergulhar nas profundezas da nossa própria consciência, descobrimos um tesouro de autenticidade e propósito. É nesse espaço interior que encontramos as respostas para questões fundamentais sobre quem somos e o que realmente valorizamos.

A consciência nos convida a transcender a superficialidade das escolhas automáticas e nos conduz a decisões alinhadas com nossos valores mais profundos. É um chamado para vivermos de maneira autêntica, honrando nossas verdades interiores. Ao sintonizarmos nossa consciência, desvendamos a clareza necessária para definir metas que ressoam com o nosso ser mais autêntico, transformando a jornada da vida em uma busca significativa.

Portanto, abraçar a consciência é abraçar a chave para desbloquear uma vida cheia de significado e propósito. É uma jornada interior que transcende as superficialidades do cotidiano, oferecendo uma bússola interna para orientar nossas escolhas e ações. Ao nos conectarmos com nossa consciência, não apenas encontramos um caminho para a significância, mas também cultivamos uma base sólida para construir uma existência que ressoa com autenticidade e realizações profundas.

23.4 FRASE DO DIA

Na consciência, encontramos o caminho para uma vida significativa.

IMERSÃO N.º 24
COMPREENSÃO DA DOR

COMPREENDA A DOR COMO PARTE DO PROCESSO DE CURA

24.1 PRECE/ORAÇÃO

Querido Deus, neste momento sagrado de prece, abro meu coração diante de Ti, buscando compreender a profundidade da dor física e emocional que carrego. Conduza-me, Pai, a enxergar a beleza que reside mesmo nas sombras, e a compreender a dor como parte intrínseca do delicado processo de cura que desenha o curso da minha vida.

Em minha fragilidade, reconheço que a dor não é um castigo, mas sim um mestre silencioso que me conduz à Tua graça transformadora. Ajuda-me a perceber que, assim como a semente rompe a terra para alcançar a luz, a minha dor é o solo fértil onde a esperança e a cura florescerão.

Senhor, nestes momentos de angústia, concede-me a sabedoria para discernir os mistérios escondidos na dor. Que cada lágrima seja um elo de comunhão Contigo, e cada suspiro, uma rendição à Tua vontade soberana. Que eu compreenda que, mesmo nos momentos mais difíceis, Tua mão amorosa está guiando-me para uma restauração completa.

Amado Pai, ajuda-me a compreender que a dor não é um beco sem saída, mas sim uma passagem estreita que me conduz à Tua luz vivificante. Dá-me a força para atravessar o vale da aflição, sabendo que, do outro lado, encontrarei a paz que excede todo entendimento.

Quando a dor parecer esmagadora, permite-me sentir a Tua presença envolvente. Que o Teu Espírito Santo console meu coração e me lembre de que não estou sozinho nesta jornada. Sustenta-me, Senhor, com a esperança de que, em Tua divina providência, cada lágrima é contada, cada gemido é ouvido, e cada passo na direção da cura é guiado por Ti.

Deus amoroso, ajuda-me a confiar que, no Teu tempo perfeito, a dor cederá lugar à alegria e a tristeza será transformada em danças de gratidão. Que, por meio da compreensão da dor como parte do processo de cura, eu possa testemunhar Tua glória em cada capítulo da minha história.

Com confiança e reverência, entrego a Ti minhas dores físicas e emocionais, sabendo que, em Tua infinita bondade, Tu farás todas as coisas concorrerem para o bem daqueles que Te amam. Que esta compreensão da dor seja o alicerce firme sobre o qual construo minha fé e esperança em Ti.

Em nome de Jesus Cristo, o Salvador e Redentor, eu oro. Assim seja. Amém!

24.2 REFLEXÃO

Por que compreender a dor como parte do processo de cura?

A vida, por sua própria natureza, é como um quadro cheio de experiências diferentes, algumas delas difíceis. Mas quando entendemos que a dor é uma parte importante do processo de cura, nossa visão sobre o sofrimento muda. Não vemos mais a dor como algo apenas ruim, mas como algo que pode nos transformar de maneiras profundas.

É importante perceber que a dor não é algo que vai durar para sempre, mas sim algo que faz parte do nosso crescimento. Assim como um músculo fica mais forte quando enfrenta resistência, nossa mente e alma crescem quando superamos desafios. Cada lágrima que cai, cada problema que enfrento, se torna um degrau que me leva a um lugar mais alto no desenvolvimento humano.

Ao aceitar a dor como parte do nosso caminho, descobrimos que somos mais fortes do que imaginamos. Resiliência não significa apenas suportar a dor, mas aprender com ela, encontrar significado no meio do caos e sair mais forte do outro lado. O processo de cura, então, se torna uma jornada de transformação pessoal, onde as cicatrizes contam histórias de superação e a dor se transforma em uma força que nos impulsiona a alcançar nosso potencial máximo.

Além disso, entender a dor como parte do processo de cura nos conecta a todos os outros seres humanos. Todos, em algum momento, enfrentam dificuldades e tristezas. Quando reconhecemos que a dor é algo universal, cultivamos empatia e compaixão, construindo pontes que ligam nossas experiências individuais à vasta tapeçaria da condição humana.

Assim, compreender a dor como uma parte essencial do processo de cura não apenas nos encoraja a enfrentar os momentos difíceis com coragem, mas também nos motiva a procurar significado profundo dentro deles. Essa perspectiva transformadora nos inspira a abraçar a jornada da vida com gratidão, mesmo quando enfrentamos desafios, sabendo que a verdadeira cura está na transformação interior e na capacidade de crescer, mesmo nos momentos mais difíceis.

Ou seja, a compreensão da dor como parte integrante do processo de cura é um caminho que vai além da superficialidade das experiências dolorosas, guiando-nos em direção à trajetória da autodescoberta, crescimento e resiliência. Nesse percurso complexo, a dor não é apenas um fardo a ser carregado, mas um professor silencioso, uma mestra sutil que, surpreendentemente, nos conduz às alturas do desenvolvimento humano.

Por isso, é crucial compreender que a dor não é uma sentença perpétua, mas sim uma parte vital da nossa caminhada para a evolução. O processo de cura, então, torna-se uma jornada de autotransformação, em que as cicatrizes se tornam testemunhos de superação e a dor se converte em uma força propulsora para a realização de potenciais anteriormente desconhecidos.

Dessa forma, a compreensão da dor como um elemento vital do processo de cura não apenas nos convida a aceitar as adversidades com coragem, mas nos impulsiona a buscar o significado profundo dentro delas. Essa perspectiva transformadora nos encoraja a abraçar a jornada da vida com gratidão, mesmo nos momentos mais desafiadores, sabendo que a verdadeira cura reside na transformação interior e na capacidade de florescer, mesmo nos campos aparentemente áridos da dor.

24.3 MENSAGEM

Na vida, entender que a dor faz parte do nosso crescimento é como achar um mapa que nos mostra o caminho da verdadeira cura. A dor não é só um problema, é como um professor que nos ensina sobre ser fortes, corajosos e nos conhecermos melhor. Quando aceitamos a dor como parte da nossa jornada, ela se torna como um superpoder que nos ajuda a superar os momentos difíceis e nos leva para a verdadeira cura.

A verdadeira cura não é só quando a dor vai embora, mas quando aprendemos com ela e ficamos mais fortes por dentro. Cada desafio, cada vez que choramos, nos ajuda a construir uma força dentro de nós. Entender que a dor é nossa aliada nos dá o poder de transformar os momentos difíceis em oportunidades, de achar significado mesmo quando tudo parece complicado, e de sair dessas situações mais fortes e conscientes.

Então, encarar a dor de frente é como abrir uma porta para um jeito de se curar que vai mais fundo. Quando entendemos de verdade a dor, encontramos a chave para crescer e ser mais livres por dentro. Que a gente possa aprender com cada situação difícil e usar essa compreensão como base para construir uma vida cheia de significado e alegria. Assim, a vida segue.

24.4 FRASE DO DIA

Na compreensão da dor, encontramos a verdadeira cura.

IMERSÃO N.º 25
ALTRUÍSMO

SIRVA AOS OUTROS COM UM CORAÇÃO ALTRUÍSTA

25.1 PRECE/ORAÇÃO

Como é bom, maravilhoso e agradável, oh Senhor, sentir a tua presença neste instante! Aproveito para elevar meu coração a Ti, na busca de inspiração e orientação para trilhar o caminho do altruísmo. Reconheço, Senhor, a grandiosidade do amor desinteressado, e peço que Tua luz ilumine meu coração, capacitando-me a servir aos outros com um coração verdadeiramente desprendido.

Senhor, desperta em mim uma profunda sensibilidade diante da vastidão das necessidades que existem ao meu redor. Que eu veja além das superficialidades e mergulhe nas vidas dos que precisam, oferecendo não apenas ajuda material, mas também o calor de uma presença compassiva. Capacita-me a enxergar as dores escondidas e as lágrimas silenciosas, e que meu coração responda com compaixão e ação.

Ensina-me a arte de doar sem esperar em troca, de estender as mãos sem buscar reconhecimento, e de amar sem limites. Que eu possa ser um instrumento de Tua paz, Senhor, refletindo teu amor incondicional em um mundo muitas vezes carente de compreensão e empatia.

Dá-me sabedoria para discernir as oportunidades de servir e coragem para agir mesmo diante dos desafios. Que eu não recue diante dos obstáculos, mas encontre força em Ti para persistir na caminhada da solidariedade, mesmo quando o cansaço ameaçar se instalar.

Reconheço, Pai, que o verdadeiro altruísmo começa na transformação do meu próprio coração. Liberta-me de egoísmos e interesses próprios que possam obscurecer a pureza do meu desejo de servir. Que eu possa ser um reflexo do Teu amor, demonstrando compaixão, gentileza e amor e bondade em todas as minhas interações.

Agradeço, Senhor, por cada oportunidade de servir, por cada vida que toco e por cada sorriso que compartilho. Que minha jornada no altruísmo seja permeada de gratidão, reconhecendo que, em dar aos outros, encontro verdadeira plenitude.

No nome do Teu filho amado, Jesus Cristo, oro. Assim seja. Amém!

25.2 REFLEXÃO

Por que servir aos outros com um coração altruísta?

Vivemos em uma sociedade que, muitas vezes, nos incentiva a buscar o sucesso pessoal e a autorrealização como medidas fundamentais de felicidade e autoestima. No entanto, é crucial considerarmos a profunda transformação que ocorre quando direcionamos nosso foco para servir aos outros com um coração verdadeiramente altruísta.

Perceba que o ato de servir proporciona um sentido de propósito que transcende as fronteiras do eu. Quando nos colocamos a serviço dos outros, encontramos um propósito mais amplo, uma missão que vai além das realizações individuais. Esse propósito oferece uma base sólida para a construção da autoestima, pois se fundamenta em contribuições significativas para o bem-estar coletivo.

Além disso, o altruísmo estabelece conexões humanas profundas e autênticas. Ao estendermos a mão para ajudar, construímos laços emocionais autênticos que não apenas enriquecem nossas vidas, mas também formam uma rede de apoio valiosa nos momentos de desafio. Essas conexões alimentam a autoestima ao criar um senso de pertencimento e solidariedade.

Por isso, servir aos outros com um coração altruísta é uma escolha que não apenas beneficia aqueles que recebem, mas também enriquece profundamente a vida daquele que dá. Existem várias razões pelas quais adotar esse modo de vida é não apenas virtuoso, mas também transformador.

É bem verdade que o crescimento pessoal é uma consequência natural do altruísmo. Ao nos desafiarmos a sair da zona de conforto, enfrentar novas situações e superar obstáculos em prol do bem comum, cultivamos habilidades valiosas de resolução de problemas, paciência e resiliência. Esse processo constante de superação contribui diretamente para a construção de uma autoimagem positiva e confiante.

No caso, o ato de servir proporciona um sentido de propósito que transcende as fronteiras do eu. Quando nos colocamos a serviço dos outros, encontramos um propósito mais amplo, uma missão que vai além das realizações individuais. Esse propósito oferece uma base sólida para a construção da autoestima, pois se fundamenta em contribuições significativas para o bem-estar coletivo.

Assim, servir aos outros com um coração altruísta não é apenas uma ação nobre, mas uma trajetória transformadora que pode redefinir nossa mentalidade e moldar uma atitude positiva em nossas vidas. Ao mergulharmos nessa prática, somos levados a refletir sobre o significado mais profundo de nossa existência física e espiritual, além de compreender a verdadeira fonte da felicidade duradoura.

A mudança de mentalidade começa quando percebemos que a verdadeira riqueza não está em acumular coisas, mas em construir relacionamentos significativos e fazer a diferença na vida dos outros. O altruísmo nos desafia a olhar além dos nossos próprios interesses, quebrando a ideia de que a felicidade está na busca incessante por realizações pessoais.

Ao adotarmos essa perspectiva, nos libertamos do ciclo vicioso da busca por satisfação pessoal, encontrando uma gratificação mais profunda no impacto positivo que podemos ter na vida dos outros. Nessa abordagem, a verdadeira riqueza é medida pela qualidade dos nossos vínculos interpessoais e pela positividade que conseguimos espalhar no mundo ao nosso redor.

A atitude positiva que emerge do serviço altruísta não é apenas uma resposta superficial, mas uma transformação interna que impacta todas as áreas de nossa vida. Quando nos dedicamos a servir com generosidade, experimentamos uma mudança na qualidade de nossos pensamentos e emoções. A alegria genuína, proveniente de ajudar os outros, torna-se uma fonte constante de inspiração e contentamento.

A prática do altruísmo nos leva a descobrir que, ao servir aos outros, não estamos perdendo algo, mas ganhando um sentido mais profundo de propósito. A motivação intrínseca que surge do ato de contribuir para o bem-estar dos outros se torna uma força motriz que nos impulsiona a superar desafios e a buscar oportunidades de fazer a diferença.

Essa mudança de mentalidade também nos conecta com a interconexão fundamental de toda a vida. Ao servir, percebemos que somos parte de algo maior do que nós mesmos. Essa conscientização nos leva a agir de maneira responsável em relação aos outros e ao planeta, contribuindo para a construção de um mundo mais compassivo e sustentável.

Portanto, a atitude positiva resultante do altruísmo não é apenas um estado de espírito temporário, mas uma disposição contínua para enfrentar a vida com esperança e otimismo. Encontramos significado nas pequenas ações diárias e vemos oportunidades de crescimento pessoal em cada desafio. A positividade se torna uma luz que ilumina nosso caminho, mesmo nas circunstâncias mais desafiadoras.

25.3 MENSAGEM

No tecido do altruísmo, desvendamos a verdadeira riqueza do coração. É nesse ato desinteressado de servir aos outros que descobrimos uma fonte inesgotável de significado e satisfação. Enquanto dedicamos tempo e esforço para fazer a diferença na vida dos outros, experimentamos uma riqueza que transcende o material, uma riqueza que ressoa profundamente na essência da nossa humanidade.

Ao estendermos uma mão amiga, cultivamos um tesouro duradouro, não de bens materiais, mas de conexões genuínas. Nesse ato desinteressado, descobrimos que a verdadeira abundância não se mede em posses, mas na capacidade de fazer a diferença na vida daqueles que cruzam nosso caminho. No caso, a verdadeira riqueza não está apenas em acumular, mas em distribuir bondade, compaixão e apoio. É um ciclo virtuoso em que, ao enriquecermos a vida dos outros, também enriquecemos a nossa própria jornada.

Assim, no altruísmo, abrimos as portas para um mundo onde a verdadeira riqueza não é medida por conquistas individuais, mas pelo impacto positivo que deixamos na vida dos outros. Cada gesto generoso é um tesouro guardado no coração, criando uma narrativa de compaixão e solidariedade que transcende as fronteiras do efêmero. Que possamos, assim, encontrar a verdadeira riqueza no ato de dar, iluminando não apenas nossas próprias vidas, mas também o caminho daqueles que caminham ao nosso lado.

25.4 FRASE DO DIA

No altruísmo, encontramos a verdadeira riqueza do coração.

IMERSÃO N.º 26
CORAGEM PARA SER AUTÊNTICO

TENHA CORAGEM PARA SER AUTENTICAMENTE VOCÊ

26.1 PRECE/ORAÇÃO

Ó, Senhor, minha rocha inabalável, a Ti elevo minha gratidão por Tua maravilhosa presença constante em minha vida. Nos momentos de desafio, encontro refúgio em Teu amor eterno, reconhecendo que és a força autêntica que me sustenta.

Em meio às tempestades da vida, aprendi que Tua presença é meu abrigo seguro, e Tua fortaleza é minha fonte inesgotável de coragem. Sei que não enfrento os desafios sozinho, pois Tu caminhas ao meu lado, guiando-me com Tua luz e amor autênticos.

Que cada desafio seja encarado como uma oportunidade de crescimento e superação, pois em Ti encontro a força necessária para triunfar. Capacita-me a ser autenticamente eu, refletindo Tua luz e amor de maneira única.

Que a Tua vontade, ó, Senhor, seja a bússola que orienta meus passos. Que cada ação minha seja uma extensão do Teu amor, e que a minha jornada reflita a beleza da Tua graça. Que, em todos os momentos, o que faço esteja alinhado com o propósito que tens para mim.

Que o meu fazer seja uma expressão autêntica do Teu querer, e que o meu sentir seja permeado pelo calor da Tua misericórdia. Que eu seja sensível à Tua voz, seguindo Teus preceitos com humildade e determinação.

Senhor, em meio a um mundo que muitas vezes exige a conformidade, concede-me a coragem para ser autenticamente quem Tu me criaste para ser. Que eu seja como uma estrela brilhante, destacando-me pela singularidade que Tu depositaste em mim.

Obrigado por seres o Deus Criador, o Autor da minha existência. Em Tua infinita sabedoria, formaste-me à Tua imagem e semelhança, infundindo em mim a capacidade de refletir Tua autenticidade divina. Que eu possa assumir plenamente essa identidade, sendo autêntico como Tu és autêntico.

Agradeço ainda por todos os valores que depositaste em meu coração: o amor, a compaixão, a honestidade e a generosidade. Que esses valores se manifestem em minhas ações, como testemunho constante da Tua presença em cada momento de minha vida.

Senhor, permita-me ser autêntico em cada instante, mantendo a integridade mesmo diante de desafios. Que eu encontre coragem para ser verdadeiro comigo mesmo e para seguir o caminho que Tu preparaste para mim. Que eu seja sensível à Tua voz, reconhecendo as oportunidades que colocas diante de mim para ser autêntico e para compartilhar o Teu amor, em nome de Jesus Cristo.

Assim seja. Amém!

26.2 REFLEXÃO

Por que ter coragem para ser autenticamente você?

Ter coragem para ser autenticamente você é mais do que um simples ato de revelar sua verdadeira essência; é uma jornada de autodescoberta, liberdade e crescimento pessoal. A sociedade muitas vezes impõe expectativas e padrões que podem nos afastar de quem realmente somos, mas a autenticidade é um chamado para resistir a essas pressões e abraçar a verdade interior.

Entenda: a autenticidade nos liberta do fardo da falsidade. Ao sermos verdadeiros, rompemos as correntes da máscara social, permitindo que nossa luz interior brilhe sem restrições. A busca por aceitação por meio da autenticidade nos liberta de uma prisão emocional, permitindo que as relações sejam construídas sobre alicerces sólidos de confiança mútua.

Por outro lado, a autenticidade também é um ato de coragem que inspira outros. Ao sermos verdadeiros, mostramos ao mundo que é possível ser fiel a si mesmo, mesmo diante das pressões externas. Essa coragem pode desencadear uma onda de autenticidade em outros, criando uma cultura de aceitação e respeito mútuo.

Além disso, a autenticidade é o caminho para o crescimento pessoal. Enfrentar quem somos verdadeiramente, com todas as nossas imperfeições, nos leva a aceitar e entender melhor a nós mesmos. É por meio dessa aceitação que encontramos a força para crescer e nos tornarmos versões aprimoradas de nós mesmos. É um desafio constante, mas significativo.

Importante lembrar que ser autêntico não apenas revela nossa verdadeira essência, mas também se torna uma valiosa lição para outros que buscam libertar-se das expectativas impostas pela sociedade. Ao compartilharmos abertamente nossa jornada de autenticidade, tornamo-nos exemplos para aqueles que ainda lutam para encontrar o próprio caminho rumo à verdade em si mesma.

Ou seja, nossas histórias não apenas inspiram, mas também instruem, proporcionando um mapa emocional que auxilia outros a navegarem em direção à sua autenticidade única, desbravando territórios emocionais e descobrindo a beleza de serem verdadeiramente eles mesmos.

De outro modo, a autenticidade é um ato de amor-próprio e autoaceitação. É um lembrete de que somos valiosos e merecedores de vivermos de acordo com nossos próprios valores e verdades. Ter coragem para ser autenticamente você é, portanto, uma jornada significativa, repleta de significado e propósito, que transforma não apenas a sua vida, mas também o mundo ao seu redor.

A autenticidade é a chave para desbloquear o potencial ilimitado que reside dentro de cada um de nós. Quando abraçamos quem realmente somos, descobrimos uma liberdade que transcende as barreiras impostas pela sociedade. Afinal, a verdadeira liberdade começa quando nos libertamos das correntes da conformidade.

Ser autêntico não é apenas uma declaração de identidade; é um ato de coragem. É resistir à pressão de se encaixar em padrões predeterminados e abraçar a beleza única que nos define. No entanto, essa jornada não é isenta de desafios. Requer enfrentar o medo do julgamento, desafiar as normas estabelecidas e aceitar a responsabilidade pela própria verdade.

Portanto, a coragem para ser autenticamente você não é apenas uma escolha pessoal, mas um ato revolucionário que transforma não apenas sua vida, mas o mundo ao seu redor. Até porque, em um universo de imitações, ser autêntico é a chave para desbloquear o extraordinário potencial que reside em cada um de nós. Então, erga-se com coragem, abrace sua autenticidade e deixe sua luz única iluminar o mundo. Afinal, o mundo precisa da autenticidade que só você pode oferecer.

26.3 MENSAGEM

Na autenticidade, desvendamos a verdadeira liberdade de sermos quem somos. Ao rompermos as amarras da conformidade, encontramos um espaço vasto e libertador onde nossas verdadeiras cores podem brilhar. É nesse ato corajoso de abraçar nossa singularidade que descobrimos que a liberdade não está apenas na ausência de restrições externas, mas na plenitude de sermos fiéis a nós mesmos.

Ao sermos autênticos, mergulhamos em uma jornada de autoaceitação e crescimento pessoal. É como abrir as asas e voar além das expectativas impostas pela sociedade. A liberdade que encontramos na autenticidade é a permissão que concedemos a nós mesmos para florescer em nossa verdadeira essência, sem receios ou amarras que limitem nosso potencial.

Assim, ao celebrarmos a autenticidade, nos tornamos verdadeiramente livres. É uma liberdade que ecoa do mais profundo do nosso ser, uma libertação que nos permite viver de acordo com nossos valores, paixões e propósitos. Na autenticidade, descobrimos que a verdadeira liberdade está na autodeterminação, na expressão honesta do que somos, irradiando uma luz única que só nós podemos oferecer ao mundo.

26.4 FRASE DO DIA

Na autenticidade, encontramos a verdadeira liberdade de ser quem somos.

IMERSÃO N.º 27
AUTOCOMPAIXÃO

TRATE A SI MESMO COM AMOR E GENTILEZA A CADA DIA

27.1 PRECE/ORAÇÃO

Querido Deus misericordioso e fonte de toda compaixão, neste dia, aproximo-me de Ti com um coração sensível, buscando a tua calmaria que envolve a paz e harmonia que só Tu podes proporcionar.

Meu Deus, tenho enfrentado diariamente experiências profundas que parecem ser provas das minhas limitações. No entanto, confio plenamente que Tu és o Deus do amor eterno, a fonte inesgotável de misericórdia que me acolhe em Teus braços, independentemente das minhas falhas e fraquezas. Na Tua presença, encontro consolo e a certeza de que sou amado com um amor puro e infinito, um amor que transcende minhas imperfeições.

Senhor, guia-me com Tua luz na superação dos processos de dores emocionais, permitindo-me evoluir cada vez mais em Tua graça e entendimento. Que, a cada novo dia, eu possa tratar a mim mesmo com amor e gentileza, reconhecendo a preciosidade que tenho aos Teus olhos. Concede-me a sabedoria necessária para aceitar minhas imperfeições e a força para crescer a partir delas. Que a autocompaixão seja a luz brilhante que dissipa as sombras da autocrítica e do autojulgamento em minha vida, transformando-me por meio do poder do Teu amor restaurador.

Tu, que és a fonte de toda cura espiritual, psicológica e física, estende Tuas mãos poderosas sobre mim. Derrama Tua graça restauradora, tocando meu coração, mente e corpo. Peço Tua cura não apenas para as feridas espirituais, mas também para as cicatrizes emocionais que carrego e para as dores físicas que enfrento. Que o Teu poder transformador opere em mim, trazendo renovação e restauração em todos os aspectos da minha vida.

Deus de perdão, conceda-me a humildade para reconhecer meus erros e a coragem para buscar a reconciliação contigo e com aqueles ao meu redor. Que a Tua graça perdoadora flua abundantemente em minha vida, limpando-me de qualquer culpa e permitindo-me seguir adiante com um coração leve, liberto do vitimismo que porventura me afete.

Em minha trajetória diária, Senhor, guia-me com Tua luz motivadora. Que eu encontre inspiração constante em Tua palavra e força em Tua presença, desenvolvendo uma amplitude de consciência que me permita compreender mais plenamente a grandiosidade do Teu amor. Capacita-me a enfrentar os desafios com coragem, confiando no Teu amor eterno que me impulsiona para frente.

Expresso minha profunda gratidão por todas as bênçãos que me concedes diariamente. Cada novo amanhecer é um presente, e agradeço por cada respiração, por cada oportunidade de crescer e por cada momento de alegria que compartilho Contigo e com os outros. Em Teu nome, levanto meus pedidos e agradecimentos, confiante na Tua fidelidade e no amor inabalável que permeia cada fibra do meu ser. Assim seja. Amém!

27.2 REFLEXÃO

Por que tratar a si mesmo com amor e gentileza a cada dia?

Tratar a si mesmo com amor e gentileza diariamente não é apenas um ato, mas uma decisão consciente de investir em seu bem-estar emocional e construir uma base sólida para a sua jornada na vida. Essa prática diária vai além de uma mera formalidade; é um ingrediente essencial para uma vida plena e significativa.

Ao escolher se tratar com carinho, você está plantando as sementes da autoaceitação. Em um mundo muitas vezes exigente e desafiador, é fácil cair na armadilha da autocrítica. No entanto, ao regar diariamente o solo da sua autoestima, você cultiva um jardim interno que floresce com a beleza da confiança e da positividade.

Além disso, tratar a si mesmo com amor é como acender uma luz dentro de si mesmo. Em meio às adversidades da vida, essa luz interna ilumina os cantos escuros da dúvida e do medo. Você se torna capaz de enfrentar os desafios com uma perspectiva mais compassiva, transformando obstáculos em oportunidades de crescimento.

A gentileza consigo mesmo também é uma ponte para relacionamentos mais saudáveis com os outros. Quando você aprende a se amar, torna-se mais capaz de estender esse amor aos que o rodeiam. Essa atitude cria um ciclo virtuoso, onde a positividade se multiplica e contagia, criando uma atmosfera de compaixão ao seu redor.

Além disso, a autocompaixão é um antídoto poderoso contra o estresse e a ansiedade. Ao se tratar com gentileza, você diminui a pressão que muitas vezes colocamos sobre nós mesmos. Isso não apenas melhora o seu bem-estar emocional, mas também aumenta a sua resiliência diante dos desafios do cotidiano.

Portanto, tratar a si mesmo com amor e gentileza é mais do que uma escolha; é um compromisso com a construção de uma vida plena. É um ato de coragem que desencadeia uma cascata de efeitos positivos, transformando não apenas a sua experiência pessoal, mas também o mundo ao seu redor. Portanto, a cada novo dia, lembre-se do poder transformador que reside na decisão simples, mas profunda, de se tratar com gentileza e amor.

27.3 MENSAGEM

Na autocompaixão, descobrimos uma fonte poderosa de cura para o coração. É um ato de amor-próprio que transcende as imperfeições e cicatrizes emocionais, proporcionando um refúgio de aceitação incondicional. Quando nos concedemos a mesma compaixão que oferecemos aos outros, iniciamos uma jornada transformadora de cura interior.

Ao abraçar a autocompaixão, criamos um espaço sagrado para reconhecer e aceitar nossas vulnerabilidades. É nesse reconhecimento gentil que as feridas emocionais começam a cicatrizar. Em vez de nos julgarmos severamente por nossas falhas, aprendemos a acolher a nós mesmos com ternura, nutrindo uma relação compassiva que nutre o coração.

A autocompaixão não apenas alivia as dores emocionais, mas também fortalece nossa resiliência. Ao enfrentar desafios com compaixão, cultivamos uma mentalidade mais positiva e encaradora da vida. Essa prática diária de amor-próprio se torna um farol, guiando-nos para um estado de paz interior e plenitude, onde a cura do coração floresce continuamente.

27.4 FRASE DO DIA

Na autocompaixão, encontramos a cura do coração.

IMERSÃO N.º 28
ALEGRIA NAS PEQUENAS COISAS

ENCONTRE ALEGRIA NAS PEQUENAS COISAS DA VIDA

28.1 PRECE/ORAÇÃO

Amado Pai Celestial, com humildade e gratidão, venho a Ti neste momento sagrado, reconhecendo a Tua presença constante em minha vida. Agradeço por me permitires experimentar a Tua graça todos os dias, especialmente ao perceber que a alegria reside nas pequenas coisas que, muitas vezes, passam despercebidas.

Senhor, vejo Tua mão amorosa nas risadas sinceras, nos abraços calorosos dos amigos e no carinho da família. Cada amanhecer é um testemunho do milagre da vida que Tu nos concedes, e isso, por si só, é motivo para vibrar todo o meu ser em alegria e gratidão.

Como Teu filho e nosso irmão, Jesus Cristo, desejo seguir os caminhos que conduzem ao Teu Reino. Inspira-me a buscar, a cada dia, a verdadeira alegria nas coisas simples da vida. Que eu aprenda a valorizar cada momento, cada encontro e cada desafio como uma oportunidade para crescer em Tua graça.

Guia-me, Senhor, para que eu encontre inspiração na beleza da Tua criação e na força do Universo que reflete a Tua grandiosidade. Que eu possa reconhecer a Tua presença nas pequenas coisas do cotidiano, no sorriso de um amigo, na calma de um entardecer e na alegria de compartilhar momentos com a família.

Que a minha busca pelo Teu Reino seja uma jornada de amor, compaixão e serviço aos outros, assim como Tu nos ensinas. Capacita-me a ser instrumento de Tua paz e esperança na vida daqueles que encontro em minha trajetória.

Que a minha transformação íntima seja um reflexo do Teu amor incondicional, e que a alegria que encontro em Ti se estenda a todos ao meu redor. Ao buscar primeiro o Teu Reino, que tudo o mais em minha vida seja conduzido pela Tua vontade.

Como é bom, querido Deus, contemplar a manifestação da Tua grandiosidade na natureza que nos cerca. Nas árvores que dançam ao sabor do vento, nos raios de sol que iluminam o dia e nas estrelas que adornam o céu noturno. Tudo isso reflete a Tua majestade e a força do Universo, testemunhando a Tua criação.

Reconheço, Pai, que a Tua manifestação está presente em cada pessoa que encontro. Que eu possa ver e valorizar a Tua imagem em meus irmãos e irmãs, buscando amar de maneira incondicional, assim como Tu nos amas. Que o amor que compartilho seja um reflexo do Teu amor, que ultrapassa barreiras e abraça a todos.

Percebo que cada desafio, cada alegria e cada encontro são partes de um plano maior que só Tu conheces. Por isso, ajuda-me a aceitar o que não posso compreender totalmente, confiando que, em Tua sabedoria, tudo se desenrola conforme Teu propósito.

Concede-me, Senhor, a clareza de entendimento e a sabedoria necessária para enfrentar as incertezas da vida. Que eu possa crescer em conhecimento, compreensão e humildade, e que essa jornada de aprendizado conduza ao desenvolvimento de uma fé inabalável em Ti.

Que, ao abraçar os mistérios da existência, eu encontre a prosperidade que vai além dos bens materiais. Que a verdadeira prosperidade seja a paz interior, a alegria que transcende as circunstâncias e a confiança inabalável em Tua vontade soberana.

Em Tua infinita sabedoria, conduza-me pelos caminhos da vida, revelando os mistérios que, por vezes, estão além da minha compreensão. Que eu possa confiar em Ti plenamente, sabendo que em cada mistério há uma oportunidade de crescimento e fortalecimento da minha fé, hoje e sempre. Assim seja. Amém!

28.2 REFLEXÃO

Por que encontrar alegria nas pequenas coisas da vida?

Encontrar a alegria nas pequenas coisas da vida não deveria ser encarado como um desafio insuperável. O verdadeiro obstáculo muitas vezes está na intensidade da rotina diária, que nos envolve em um turbilhão de responsabilidades, metas e desafios que parecem consumir todo o nosso tempo e energia.

Em busca incessante por grandes realizações, podemos inadvertidamente negligenciar a beleza e a felicidade que as pequenas coisas da vida têm a oferecer. Descobrir a alegria nas sutilezas do dia a dia não é apenas um convite à gratidão, mas uma jornada transformadora que impacta profundamente a nossa perspectiva e bem-estar.

A vida, com sua complexidade e imprevisibilidade, nos oferece uma diversidade de experiências. No entanto, em nossa incessante busca por grandes realizações, corremos o risco de perder de vista as pequenas vitórias que ocorrem diariamente ao nosso redor. Cada amanhecer, cada sorriso compartilhado, cada gesto de bondade é como os fragmentos de luz que, quando reconhecidos, iluminam nossa jornada de maneira singular.

Encontrar alegria nas pequenas coisas não é uma fuga da realidade, mas uma escolha consciente de valorizar o presente. É aprender a apreciar o aroma do café pela manhã, a beleza de uma flor desabrochando ou o calor reconfortante de um abraço amigo. Esses momentos, aparentemente insignificantes, são a essência da vida, oferecendo-nos a oportunidade de experimentar a plenitude em cada respiração.

A verdadeira motivação para buscar alegria nas pequenas coisas reside na capacidade desses momentos de nutrir nossa alma e proporcionar equilíbrio em meio ao caos. Em um mundo onde a busca por grandiosidade muitas vezes resulta em ansiedade e estresse, aprender a desacelerar e apreciar o que está à nossa volta é um ato revolucionário de autocuidado.

Ao reconhecermos a beleza nas pequenas coisas, cultivamos uma mentalidade positiva que permeia todas as áreas de nossa vida. Isso não apenas melhora nossa saúde mental, mas também fortalece nossas relações, pois a alegria compartilhada torna-se um vínculo poderoso que transcende palavras. É na simplicidade e na autenticidade desses momentos que encontramos uma fonte inesgotável de felicidade.

Além disso, ao nos conectarmos com as pequenas alegrias da vida, desenvolvemos uma resiliência que nos ajuda a enfrentar os desafios de maneira mais equilibrada. A capacidade de encontrar conforto e felicidade nas pequenas coisas funciona como um escudo contra as adversidades, proporcionando-nos força e determinação para superar obstáculos.

Entenda: optar por desacelerar para encontrar alegria nas pequenas coisas da vida é uma decisão que nos dá o controle sobre nossa própria felicidade. É uma jornada pessoal que nos lembra da passagem rápida do tempo e da necessidade de construir uma vida repleta de significado.

Ao ler estas palavras, que cada um de nós seja impulsionado a buscar a inspiração necessária para redescobrir a beleza nas pequenas coisas, cultivando uma alegria que vai além das circunstâncias e que floresce em cada momento presente.

28.3 MENSAGEM

Nas pequenas coisas, onde o coração encontra razão para sorrir, reside a verdadeira essência da alegria. A vida, muitas vezes complexa e veloz, nos presenteia com preciosidades disfarçadas de momentos simples: um raio de sol afagando a pele, o riso espontâneo de uma criança, ou o perfume suave de uma flor ao amanhecer.

O sentido da vida se desenha nos detalhes cotidianos, na apreciação das pequenas dádivas que nos envolvem. É aprender a encontrar beleza em cada instante, seja na gentileza de um gesto ou na serenidade de um pôr do sol. Nessa jornada, descobrimos que a verdadeira riqueza está na apreciação dos pequenos milagres que nos cercam, transformando cada dia em um capítulo valioso de nossa história.

Que possamos seguir, olhos e corações abertos, na busca constante pela alegria nas pequenas coisas. Pois, no final das contas, é nesses instantes singelos que o sentido da vida se revela em toda a sua plenitude, nos lembrando de celebrar a beleza presente em cada respiração e descobrir a felicidade na simplicidade do viver.

28.4 FRASE DO DIA

Nas pequenas coisas, encontramos a verdadeira alegria.

IMERSÃO N.º 29
HARMONIA FAMILIAR

CULTIVE O AMOR E A HARMONIA NA FAMÍLIA

29.1 PRECE/ORAÇÃO

Querido Deus, agradeço do fundo do meu coração por cada membro da minha família e pelas dádivas que compartilhamos. Hoje, em especial, venho a Ti em humildade, reconhecendo a importância do amor e da harmonia em nosso lar.

Senhor, peço que o amor floresça abundantemente em nossa casa. Que nossos corações estejam sempre abertos para compreender, perdoar e aceitar uns aos outros, construindo um alicerce sólido de harmonia que permanece firme nos desafios e nas alegrias do caminho.

Neste momento, estendo esta prece e oração em intercessão por todas as famílias ao redor do mundo. Que cada lar seja preenchido com Tua luz, e que o amor que emana de Ti permeie cada canto. Que a harmonia prevaleça, e que as diferenças sejam oportunidades para crescermos mais próximos uns dos outros.

Senhor, imploro a Tua orientação para que possamos tomar decisões sábias como família. Guia-me pelos caminhos da verdade, justiça e compaixão, para que meus passos estejam alinhados com Teus desígnios.

Protege-me, ó Deus, dos desafios que possam surgir. Que Tua mão poderosa esteja sobre cada membro da minha família, guardando-nos de qualquer mal e nos envolvendo com Tua graça protetora.

Em Tua infinita misericórdia, concede-me a sabedoria necessária para enfrentar as adversidades com fé e coragem. Que, em meio às tempestades da vida, minha família permaneça firme, sustentada pela confiança em Ti.

Agradeço por cada dia ao lado da minha família, e peço que Tua presença esteja sempre conosco. Que Teu amor nos una cada vez mais, fortalecendo os laços que nos ligam como família.

Que em cada novo amanhecer, possamos renovar nosso compromisso de cultivar o amor e a harmonia em nossa casa. Que seja um refúgio onde cada um encontre paz, compreensão e aceitação.

Agradeço, Senhor, por esta dádiva preciosa que é minha família. Que o amor e a harmonia floresçam em nossos corações, tornando-nos instrumentos vivos do Teu divino propósito aqui na Terra, em nome de Jesus. Assim seja. Amém!

29.2 REFLEXÃO

Por que cultivar o amor e a harmonia na família?

Cultivar o amor e a harmonia na família não é apenas uma escolha, mas uma missão que transcende as circunstâncias da vida. Essa busca constante é o alicerce que sustenta o lar e, por extensão, o bem-estar de cada membro. A importância dessa jornada vai além do simples convívio; trata-se de nutrir as raízes que garantem o florescer de relações sólidas e significativas.

O amor e a harmonia na família são como nutrientes essenciais para a saúde emocional e psicológica de cada indivíduo. É no ambiente familiar que aprendemos a arte da compreensão, do perdão e do apoio mútuo. Esses valores não apenas fortalecem os laços entre pais, filhos e demais membros, mas também preparam cada integrante para enfrentar os desafios do mundo exterior com resiliência e empatia.

Incentiva-se, assim, a prática diária do amor como um ato revolucionário. A família, ao ser um espaço de aceitação incondicional, se torna uma escola para o crescimento pessoal e coletivo. Desenvolver a habilidade de expressar afeto e cuidado não apenas cria um ambiente acolhedor, mas também constrói um refúgio emocional, uma fortaleza que resiste às adversidades.

A harmonia familiar, por sua vez, é como uma melodia que embala os dias. É a busca pelo equilíbrio, pelo respeito às diferenças e pela valorização de cada voz única que compõe essa sinfonia. Ao cultivarmos a harmonia, construímos pontes de comunicação e compreensão, superando desafios e construindo um legado de união que transcende gerações.

Entende-se que o lar é o laboratório onde se experimenta o verdadeiro significado do compromisso. Cultivar o amor e a harmonia exige dedicação, paciência e a disposição constante de aprender e evoluir como indivíduos e como família. É um investimento no futuro, pois famílias unidas não apenas enfrentam as tempestades, mas também se tornam faróis de luz e apoio para outros.

Portanto, essa reflexão sobre o cultivo do amor e da harmonia na família é um convite para aprofundar os laços, para transformar a casa em um santuário de amor e entendimento. É uma jornada que não apenas enriquece a experiência familiar, mas também contribui para a construção de uma sociedade mais compassiva, em que os valores fundamentais da empatia e da solidariedade são cultivados desde a base.

Portanto, refletir sobre o cultivo do amor e da harmonia na família é um convite para fortalecer os laços e transformar o lar em um espaço de compreensão. Essa jornada não apenas enriquece a vida familiar, mas também é essencial para construir uma sociedade compassiva. Ao cultivarmos desde a base os valores de empatia e solidariedade, contribuímos para um mundo mais unido. Cada gesto de afeto em nossas casas é uma peça fundamental na construção de uma sociedade resiliente e conectada.

29.3 MENSAGEM

Na harmonia familiar, descobrimos o verdadeiro alicerce da existência. É um espaço onde o amor floresce e se torna o impulso para superar qualquer adversidade. Construir e manter a harmonia familiar não é uma tarefa simples, mas é um investimento valioso que nos conecta uns aos outros de maneira profunda e significativa.

A chave para estabelecer a harmonia familiar reside na comunicação aberta e no cultivo de um ambiente de compreensão mútua. Expressar nossos sentimentos, ouvir uns aos outros com empatia e abraçar as diferenças como oportunidades de crescimento são atitudes essenciais. Ao fazermos isso, criamos um espaço onde cada membro da família se sente valorizado e compreendido, fortalecendo os laços que nos unem.

A harmonia familiar é uma jornada contínua de aprendizado e adaptação, não uma meta estática. No poder do perdão, da paciência e da aceitação mútua, trabalhamos juntos para construir uma atmosfera de amor e respeito. Estamos não apenas fortalecendo nossos lares, mas também criando um refúgio de apoio que se estende para além das fronteiras familiares. Que cada passo na busca pela harmonia seja guiado pela convicção de que, juntos, somos capazes de construir um lar repleto de amor, compreensão e alegria duradoura.

29.4 FRASE DO DIA

Na harmonia familiar, encontramos o alicerce da vida.

IMERSÃO N.º 30
SILÊNCIO

ENCONTRE A PAZ E CLAREZA NO SILÊNCIO INTERIOR

30.1 PRECE/ORAÇÃO

Querido Deus, em silêncio, me aproximo de Ti, consciente da grandiosidade da Tua presença. Nos momentos de quietude, percebo a Tua voz suave sussurrando ao meu coração, revelando Teu amor que transcende toda compreensão.

Ajuda-me, Pai, a entender os mistérios que se desdobram no silêncio, capacitando-me a discernir a beleza oculta nos desafios e a confiar na Tua sabedoria soberana.

No silêncio, encontro forças para agir com justiça, compaixão e amor. Que minhas ações, permeadas pela Tua graça, possam ser faróis de luz em um mundo muitas vezes ensurdecedor.

Concede-me, Senhor, a serenidade para calar diante das adversidades, sabendo que em Tua presença encontro refúgio e segurança. Que meu silêncio seja uma expressão de confiança inabalável em Ti.

Em meio ao mergulho existencial, conduza-me à plenitude da minha identidade em Ti. Que minha busca por compreensão seja iluminada pela luz da Tua verdade, revelando o propósito que delineaste para minha vida.

Dá-me, Pai, a paz interior que transcende as circunstâncias externas. Que a quietude do meu coração seja um testemunho da Tua presença constante, enchendo-me de serenidade que só Tu podes conceder.

Com gratidão, elevo meu coração a Ti. Em silêncio e em louvor, agradeço por Tua fidelidade, mesmo nos momentos mais quietos da minha jornada. Assim seja. Amém!

30.2 REFLEXÃO

Por que encontrar a paz e a clareza no silêncio interior?

Em meio ao turbilhão incessante da vida, encontrar a paz e clareza no silêncio interior é mais do que uma fuga momentânea; é uma jornada profunda rumo à autenticidade e ao equilíbrio emocional. No silêncio, descobrimos um refúgio que não apenas acalma as tempestades externas, mas que também nutre a nossa essência mais profunda.

O constante ruído do mundo moderno muitas vezes nos afasta de nós mesmos. Vivemos em uma era de constante estímulo, em que a pressa e o excesso de informação podem obscurecer nossa visão interna. É nesse cenário que o silêncio emerge como um antídoto poderoso, uma pausa necessária para restaurar a clareza e a paz que anseiam por ecoar em nossas almas.

Ao nos permitirmos o silêncio, não estamos simplesmente buscando um escape, mas sim um encontro. No encontro com o silêncio, nos deparamos com a oportunidade de escutar a nossa própria voz interior, muitas vezes sufocada pelo barulho externo e pelas expectativas alheias. Aqui, encontramos a verdadeira medida de quem somos e do que realmente valorizamos.

Na quietude do nosso ser, as respostas que buscamos se revelam. O silêncio não é apenas uma ausência de som, mas um portal para a compreensão mais profunda. É um convite para explorar as paisagens da nossa mente, descobrindo pensamentos, sentimentos e sonhos que podem ter sido negligenciados nas corridas cotidianas.

A paz e clareza encontradas no silêncio não são uma fuga da realidade, mas sim uma imersão profunda nela. É uma oportunidade de processar as experiências, aprender com os desafios e cultivar a sabedoria que só pode florescer em momentos de reflexão tranquila.

Ao incorporarmos o silêncio em nossas vidas, não estamos apenas encontrando um abrigo para as tormentas, mas também desenvolvendo uma ferramenta valiosa para enfrentar os desafios com maior serenidade. A clareza nascida do silêncio nos capacita a tomar decisões mais conscientes, a abraçar as mudanças com coragem e a nutrir relacionamentos com autenticidade.

Modificar nossa mentalidade para abraçar o silêncio não é negar a vivacidade da vida, mas sim reconhecer que, dentro da quietude, encontramos a base sólida que nos permite viver de maneira mais plena e significativa. É uma mudança que transcende a superficialidade do dia a dia, guiando-nos para uma existência mais alinhada com nossos valores mais profundos.

Portanto, que possamos abraçar o silêncio como uma dádiva valiosa, uma ferramenta poderosa para cultivar a paz interior e a clareza que tanto buscamos. Neste lugar de quietude, descobrimos a força para transformar não apenas nossos pensamentos, mas toda a trajetória das nossas vidas.

30.3 MENSAGEM

O silêncio é mais do que apenas a ausência de sons; é um refúgio de serenidade em que encontramos respostas profundas. Nele, descobrimos a verdadeira essência de quem somos, longe do tumulto externo. Este momento de quietude é o espelho da alma, refletindo pensamentos e sentimentos que muitas vezes passam despercebidos no ruído presente do cotidiano.

Ao abraçarmos o silêncio, abrimos portas para uma sabedoria interna. Nele, a mente se aquieta, permitindo que a intuição floresça. As respostas que procuramos não estão perdidas; estão apenas aguardando a coragem de explorarmos esse espaço tranquilo. O silêncio não é apenas uma fuga, mas um encontro com nós mesmos, uma oportunidade de explorar o que realmente importa em nossas vidas.

Além disso, o silêncio revela um notável poder de cura. Em um mundo cheio de desafios, ele se torna uma fonte de tranquilidade, proporcionando paz e renovando as energias. Na quietude, as formas de comunicação ultrapassam as barreiras das palavras; gestos sutis e olhares significativos ganham vida como expressões autênticas.

Assim, abraçar o silêncio é permitir que seus efeitos transformadores tragam clareza às nossas escolhas, curem nossas feridas emocionais e nos conduzam a uma compreensão mais profunda da beleza intrínseca da vida. Vamos explorar o tesouro do silêncio com gratidão e coragem, deixando que ele guie nossa jornada para uma existência mais plena e significativa.

30.4 FRASE DO DIA

No silêncio interior, encontramos as respostas que a mente agitada não percebe.

IMERSÃO N.º 31
RESILIÊNCIA

LEMBRE-SE DA SUA CAPACIDADE DE SUPERAR DESAFIOS

31.1 PRECE/ORAÇÃO

Querido Deus e amado Pai, neste momento de comunhão contigo, meu coração transborda de gratidão pela Tua presença constante em cada respirar e em cada batida do meu coração. Agradeço por esta dádiva da vida, mesmo diante dos desafios que se apresentam em meu caminho.

Senhor, concede-me a graça da resiliência, essa capacidade divina de superar desafios e adversidades. Que eu possa enfrentar as tormentas da vida com a confiança de que Tua luz é mais forte do que qualquer escuridão. Que a centelha divina em mim se fortaleça, tornando-me inabalável diante das tempestades.

Tu és minha rocha, a âncora que sustenta minha existência nas tempestades da vida. Reconheço, Senhor, que em Tua essência divina encontro a verdadeira fonte de minha identidade, pois fui criado à Tua imagem e semelhança.

Em Teu poderoso nome, rogo ainda mais por resiliência para melhor poder governar meus desejos e necessidades. Capacita-me a discernir Tua vontade e a seguir os passos que traçaste para mim sob a Tua graça soberana. Que, mesmo nas dificuldades, eu encontre forças para perseverar com a fé que só em Ti encontra sustentação.

Senhor, reconheço o poder transformador do perdão. Concede-me a sabedoria para perdoar, assim como Tu perdoaste a mim. Que a capacidade de liberar perdão seja uma fonte de cura em minha vida, transformando cada mágoa em oportunidade de crescimento e amor.

Na humildade, encontro a verdadeira grandeza. Ajuda-me a reconhecer minhas limitações e a depender totalmente de Ti. Que a humildade seja a base da minha resiliência, pois é na humildade que encontro Tua graça abundante.

Desperta em mim uma disposição constante de amar o próximo incondicionalmente. Que o amor que recebo de Ti transborde para aqueles ao meu redor, criando um ambiente de compaixão, compreensão e apoio mútuo. Em nome de Jesus. Assim seja. Amém!

31.2 REFLEXÃO

Por que se lembrar da sua capacidade de superar desafios?

Lembrar-se da própria capacidade de superar desafios é essencial, pois é nesse reconhecimento que encontramos não apenas a força para enfrentar as adversidades, mas também a motivação para buscar constantemente o melhor em nós mesmos. A recordação dessa habilidade não é apenas um exercício de olhar para o passado, mas um poderoso impulso motivacional que molda o nosso presente e orienta o nosso futuro.

Em primeiro lugar, recordar os desafios superados é um testemunho vivo da nossa resiliência e da nossa capacidade de adaptação. Cada obstáculo enfrentado representa uma oportunidade de crescimento, um degrau a mais na escada do autoconhecimento e da autossuperação. Essas experiências não devem ser encaradas como meras provações, mas como lições valiosas que nos capacitam a lidar com as incertezas da vida.

Além disso, a lembrança de superações passadas é um combustível poderoso para a autoconfiança. Ao olhar para trás e perceber os desafios que já foram vencidos, cultivamos a convicção de que somos capazes de enfrentar o desconhecido que o futuro nos reserva. Essa confiança não se baseia na ilusão de que não haverá mais dificuldades, mas na certeza de que possuímos as ferramentas internas necessárias para superá-las.

A recordação da capacidade de superação também atua como uma fonte de inspiração para os momentos presentes. Quando nos deparamos com novos desafios, é fácil sentirmo-nos sobrecarregados e duvidarmos das próprias habilidades. No entanto, ao lembrarmos as batalhas vencidas anteriormente, encontramos coragem para enfrentar o desconhecido com determinação renovada. Essa recordação torna-se um guia, uma luz que ilumina o caminho mesmo nas situações mais obscuras.

A capacidade de superar desafios é intrínseca à natureza humana, mas muitas vezes nos esquecemos desse poder interior. Recordar-se dessa habilidade é um ato de autocompaixão, uma maneira de reconhecer a própria força diante das adversidades. É um lembrete de que somos mais do que nossas circunstâncias atuais e que a superação está enraizada em nossa essência.

Não esqueça: refletir sobre a capacidade de superar desafios é um convite para abraçar a vida com confiança, determinação e esperança. É um lembrete de que cada desafio é uma oportunidade de crescimento, e cada superação é um testemunho do poder que reside em cada um de nós. Ao internalizar essa verdade, construímos um alicerce sólido para enfrentar os desafios futuros com coragem e resiliência.

31.3 MENSAGEM

Na resiliência, identificamos uma força interior incomparável que nos impulsiona a transcender qualquer desafio que a vida nos apresente. É nesse espaço de resistência e adaptação que encontramos a coragem para enfrentar adversidades e transformar obstáculos em degraus para o crescimento. A verdadeira força da resiliência reside na capacidade de nos fazer enxergar as tempestades como oportunidades para aprender, crescer e evoluir cada vez mais.

Ao abraçarmos a resiliência, percebemos que ela não apenas nos ajuda a superar as dificuldades, mas também se torna um farol orientador em nosso caminho. Ela é a luz que nos guia pela escuridão, recordando-nos de que, mesmo nos momentos mais desafiadores, temos dentro de nós a capacidade de nos reerguer. Cada teste da vida se transforma em uma oportunidade de demonstrar nossa resiliência, uma qualidade que não apenas nos fortalece, mas também inspira aqueles ao nosso redor a encontrar a mesma força interior.

Portanto, na resiliência, encontramos não apenas a força para superar tudo, mas também a sabedoria para transformar cada desafio em um degrau em direção ao nosso melhor eu. Ela nos ensina que a adversidade não é um obstáculo intransponível, mas sim uma parte intrínseca da jornada da vida que molda nossa resiliência e determinação. Que cada obstáculo seja encarado como uma oportunidade para manifestar a incrível força que reside em nossa resiliência, construindo um caminho repleto de superações e conquistas.

31.4 FRASE DO DIA

Na resiliência, encontramos a força para superar tudo.

IMERSÃO N.º 32
RENOVAÇÃO

CELEBRE A OPORTUNIDADE DE RECOMEÇAR A CADA AMANHECER

32.1 PRECE/ORAÇÃO

Querido Deus, no silêncio desta manhã, abro meu coração diante de Ti, reconhecendo a dádiva da renovação que a luz do novo dia traz consigo. Celebro, com gratidão, a oportunidade de recomeçar a cada amanhecer, como uma expressão viva do Teu amor que se renova incessantemente.

Em Teu divino amor, encontro a força para abandonar antigos hábitos que limitavam minha jornada. Peço, Senhor, que a luz da Tua presença guie minhas escolhas, permitindo uma verdadeira mudança de hábito em direção a uma vida mais alinhada com a Tua vontade.

Que a transformação que ocorre em mim seja mais do que superficial; que seja uma metamorfose do meu ser interior. Que eu possa emergir como um novo ser, purificado e fortalecido pela Tua graça, refletindo o amor que recebo de Ti.

Conduza-me, Pai, na jornada de reforma íntima, moldando meu caráter à semelhança de Cristo. Que as imperfeições sejam transformadas em virtudes, e que a Tua luz dissipe as sombras que ainda residem em meu coração.

Senhor, permita-me experimentar a plenitude de uma vida extraordinária, repleta do Teu amor, graça e propósito. Ressignifica os desafios que encontro, transformando-os em oportunidades para crescer e aprender contigo.

Que eu aprenda a viver plenamente o agora, reconhecendo a preciosidade de cada momento. Que a minha jornada seja marcada pela consciência e gratidão, permitindo-me viver de maneira mais significativa e profunda.

No Teu nome, busco força para ressignificar as experiências passadas, aceitando a cura que só o Teu amor pode proporcionar. Que o perdão floresça em meu coração, permitindo-me caminhar em liberdade e leveza.

Em Tua presença, Senhor, encontro a inspiração para viver uma vida renovada, cheia de significado e propósito. Que cada amanhecer seja um lembrete do Teu amor constante, impulsionando-me a viver em plenitude e gratidão.

Assim seja. Amém!

32.2 REFLEXÃO

Por que celebrar a oportunidade de recomeçar a cada amanhecer?

Ao despertarmos a cada manhã, somos presenteados com a chance de iniciar um novo capítulo em nossa vida. Este renascimento diário não é apenas um fenômeno físico, mas uma oportunidade simbólica de deixar para trás os fardos do ontem e abraçar a promessa do hoje. A celebração desse renascimento constante é como um lembrete concreto de que, mesmo diante das dificuldades, a vida é caracterizada pela capacidade de superar obstáculos e se renovar.

Ou seja, uma das razões fundamentais para celebrar o recomeço diário reside na constante busca pela renovação pessoal. O nascer do sol não apenas simboliza o início de um novo ciclo, mas também oferece a chance de deixar para trás os fardos do passado. Ao reconhecermos a renovação constante como uma oportunidade única, somos incentivados a aprender com as experiências passadas, transformando desafios em oportunidades de crescimento.

Além disso, a celebração diária do recomeço nos conecta com o ciclo natural da vida. Ao observarmos a harmonia do mundo ao nosso redor, onde a natureza segue seu curso ininterrupto, somos inspirados a integrar essa ordem em nossas vidas. Essa conexão com o ritmo natural não apenas promove uma sensação de equilíbrio, mas também desperta um entendimento mais profundo sobre a importância de viver em sintonia com os ciclos que nos cercam.

A cada amanhecer, novas oportunidades se desdobram diante de nós. Celebrar esse renascimento diário é reconhecer a riqueza presente em cada momento. Seja na forma de desafios que nos impulsionam a superar limites ou nas pequenas alegrias que surgem ao longo do dia, cada oportunidade é uma pedra preciosa esperando para ser descoberta. Ao cultivarmos essa mentalidade, somos guiados por uma jornada de exploração contínua e crescimento pessoal.

Festejar o novo começo ajuda a cultivar um sentimento de agradecimento e atenção plena. Ao acordar de manhã com um coração agradecido, a gente percebe o quanto a vida é valiosa. Isso nos inspira a viver o momento presente, aproveitando cada experiência com muita atenção e alegria. Assim nasce a positividade e a coragem, e essa energia acaba sendo compartilhada com aqueles que cruzam o nosso caminho, criando uma rede de motivação e apoio mútuo.

Entenda: celebrar a oportunidade de recomeçar a cada amanhecer é mais do que um gesto simbólico; é uma filosofia de vida que nos convida a abraçar a renovação constante, explorar novas possibilidades e viver com gratidão e resiliência, e que a chegada de cada novo dia não seja apenas o início de mais 24 horas, mas também uma chance incrível de recomeçar o dia com novas possibilidades, com a genuína convicção de que viver é algo realmente valioso.

32.3 MENSAGEM

No ato de recomeçar, descortinamos a preciosa oportunidade de nos reinventarmos. Cada novo começo é como uma página em branco, pronta para ser preenchida com a tinta das nossas escolhas. É a chance de aprender com o passado, de crescer a partir das experiências e de moldar um amanhã mais resiliente e significativo.

Encontrar a força no recomeço é abraçar a transformação pessoal. É reconhecer que, mesmo nas situações mais desafiadoras, temos a capacidade de nos superar e de florescer. Cada renascimento é uma afirmação do nosso potencial inexplorado, uma promessa renovada de buscar constantemente a melhor versão de nós mesmos.

Ao abraçarmos o recomeço, mergulhamos em um ciclo constante de evolução. É o compromisso de nunca parar de crescer, de aprender com os altos e baixos, e de trilhar um caminho onde a melhoria contínua é a bússola que guia nossos passos. Que cada recomeço seja um lembrete de que o processo de ser melhores é uma jornada infinita e que, em cada novo começo, encontramos a chance de nos tornarmos versões mais autênticas e plenas de nós mesmos.

32.4 FRASE DO DIA

No recomeço, encontramos a chance de ser melhores.

IMERSÃO N.º 33
ESPÍRITO DE SERVIÇO

SIRVA AOS OUTROS COM UM ESPÍRITO DE DEDICAÇÃO

33.1 PRECE/ORAÇÃO

Querido Deus, agradeço por me guiares com teu divino amor e luz. Hoje, humildemente, busco fortalecer meu espírito de serviço, seguindo o exemplo do teu Filho, Jesus Cristo. Dá-me a graça de servir aos outros com alegria e compaixão, encontrando oportunidades para ser um instrumento do teu amor no mundo.

Que eu possa cultivar o desprendimento e o desapego, entendendo que verdadeira riqueza reside na generosidade e no compartilhamento. Ajuda-me a superar as amarras do materialismo, para que eu possa viver de maneira simples e significativa, conforme a tua vontade.

Infunde em mim um propósito claro, uma missão que transcenda o egoísmo e promova o bem comum. Que eu tenha coragem para enfrentar os desafios que surgirem em meu caminho, sabendo que a força que emana de ti é maior do que qualquer adversidade.

Senhor, dá-me a garra necessária para persistir no serviço altruísta, mesmo diante das dificuldades. Que eu não desanime diante das tribulações, mas encontre na tua graça a motivação para prosseguir, confiante de que estás sempre ao meu lado.

Que a minha fé em ti seja inabalável, um alicerce sólido que sustenta todas as minhas ações e decisões. Fortalece-me, ó Deus, para que minha fé seja uma luz brilhante mesmo nas situações mais sombrias, revelando o poder da tua presença em minha vida.

Inspira-me, Senhor, a praticar a caridade de maneira abundante. Que minha generosidade seja uma extensão do teu amor incondicional, alcançando os corações que mais precisam. Que cada ato de caridade seja uma expressão tangível da tua bondade e compaixão. Assim seja. Amém!

33.2 REFLEXÃO

Por que servir aos outros com um espírito de dedicação?

Servir aos outros com dedicação vai além do simples ato de auxiliar, sendo uma experiência transformadora. Essa prática, impulsionada por um espírito desprendido e amor incondicional, oferece não apenas benefícios para aqueles que são servidos, mas também para o próprio indivíduo que serve. A vida plena, almejada por muitos, encontra sua realização nesse comprometimento com o serviço aos outros.

O desprendimento emerge como um pilar essencial dessa trajetória. Ao abrirmos mão do apego a recompensas ou reconhecimento pessoal, encontramos uma liberdade que permite concentrar energia na semeadura do bem. Essa atitude altruísta não apenas nutre a vida dos outros, mas também promove uma transformação interior, libertando-nos das amarras do materialismo superficial.

O amor incondicional é a força propulsora desse serviço dedicado, desafiando normas egoístas da sociedade. Ao amar sem expectativas, plantamos sementes que florescem em laços duradouros e comunidades mais fortes. Essa prática constrói pontes que conectam as pessoas em um tecido social enraizado na compaixão e empatia, transcendendo fronteiras individuais.

Buscar uma vida plena por meio do serviço aos outros nos encoraja a superar desafios e adversidades. A verdadeira dedicação persiste mesmo diante de desafios, revelando o caráter do indivíduo e reforçando o compromisso profundo com o bem-estar coletivo. O serviço dedicado é uma escolha consciente de construir um mundo melhor não apenas para os outros, mas também para si mesmo, reconhecendo a interconexão de todas as coisas.

Em resumo, servir aos outros com um espírito de dedicação é uma filosofia de vida motivacional. Essa prática, baseada no desprendimento, amor incondicional e na semeadura de bondade, impacta positivamente o mundo ao nosso redor e proporciona uma existência mais significativa e recompensadora. Ao abraçarmos essa jornada, encontramos não apenas um destino, mas uma constante e enriquecedora viagem rumo à plenitude.

33.3 MENSAGEM

Em cada gesto de serviço, desvendamos as poderosas sementes de um propósito mais elevado. Ao nos dedicarmos a ajudar os outros, transcendemos as barreiras do individualismo e abraçamos uma causa que vai além de nossos próprios interesses.

Por isso, encontrar um propósito mais alto no espírito de serviço significa descobrir que nossa verdadeira realização está entrelaçada com o impacto positivo que podemos ter na vida de alguém.

O serviço aos outros não é apenas uma expressão de generosidade; é uma jornada de autodescoberta e crescimento. Ao oferecermos nosso tempo, habilidades e compaixão, não só fazemos a diferença na vida daqueles que ajudamos, mas também nos transformamos. O verdadeiro propósito surge quando percebemos que nossa contribuição, por menor que seja, contribui para a construção de um mundo mais compassivo e solidário.

Portanto, que o espírito de serviço seja a bússola que nos guia na busca por um propósito mais elevado. Cada ato de bondade, por menor que pareça, é um passo em direção a uma vida significativa e repleta de realizações.

Ao servirmos aos outros, não apenas encontramos nosso propósito, mas também iluminamos o caminho para um mundo onde o cuidado mútuo e a empatia são os alicerces de uma comunidade verdadeiramente conectada e fortalecida.

33.4 FRASE DO DIA

No espírito de serviço, encontramos um propósito mais elevado.

IMERSÃO N.º 34
ABUNDÂNCIA INTERIOR

RECONHEÇA QUE A VERDADEIRA ABUNDÂNCIA RESIDE NO INTERIOR

34.1 PRECE/ORAÇÃO

Deus misericordioso, inicio esta oração com um coração transbordante de gratidão. Agradeço pela dádiva da vida e pela abundância que reside em meu ser. Reconheço que Tua luz divina ilumina meu caminho, capacitando-me a enxergar a riqueza interior que emanas em cada fibra do meu ser.

Neste momento sagrado, elevo meu espírito para exaltar o Deus Criador, que, com Sua infinita sabedoria e amor, infundiu em mim a Centelha Divina. Consciente de que tudo posso naquele que me fortalece, abro meu coração para receber a Vida em Abundância que Tua benevolência proporciona.

Que a Prosperidade e a Riqueza, tanto espiritual quanto material, se manifestem em minha jornada. Capacita-me a reconhecer e cultivar os dons que me foram concedidos, utilizando-os para contribuir positivamente para o bem-estar do mundo ao meu redor.

Em humildade, rogo por Tua orientação divina no caminho do Perdão. Que a compreensão e a aceitação floresçam em meu coração, permitindo-me liberar quaisquer ressentimentos e cultivar relações saudáveis e harmoniosas. Reconheço que somos todos irmãos, independentemente da fé que professamos, e peço por uma união fraterna que transcenda qualquer diferença.

Que esta oração seja uma semente de amor e compaixão, espalhando-se como uma bênção para todos aqueles que cruzarem o meu caminho. Que a verdadeira Abundância Interior seja reconhecida e celebrada por todos, guiando-nos para uma vida plena de significado e propósito.

Assim seja. Amém!

34.2 REFLEXÃO

Por que reconhecer que a verdadeira abundância reside no interior?

Ao adentrarmos o nosso mundo interior, somos convidados a mergulhar nas profundezas de quem somos, explorando uma riqueza que vai além do que podemos tocar. Esse mergulho nos leva a descobrir um tesouro escondido nos cantos mais íntimos de nossas paixões, valores e propósitos. Imagine essa trajetória como um mapa para encontrar algo valioso, algo que não se segura nas mãos, mas que se sente no coração.

Na busca dessa riqueza interior, percebemos que ela transcende o que é visível aos olhos. Não é algo palpável, mas sim algo que ressoa dentro de nós, algo que dá significado à nossa existência. Essa riqueza não se mede em posses materiais, mas sim na alegria que encontramos em seguir nossas paixões e nos alinhar com nossos valores mais profundos.

Ao explorarmos nossas paixões, por exemplo, encontramos um caminho para a autenticidade. Ser autêntico é permitir que as verdadeiras cores do nosso ser brilhem, sem as máscaras que o mundo muitas vezes nos pede para usar. Essa autenticidade é um reflexo direto da nossa riqueza interior, uma luz que ilumina não apenas o nosso caminho, mas também o caminho daqueles ao nosso redor.

A verdadeira riqueza interior é como uma fonte inesgotável de energia positiva. Ao vivermos em alinhamento com nossos valores e propósitos, descobrimos uma força interior que nos impulsiona mesmo nos momentos desafiadores. Essa força é como um guia silencioso que nos leva a superar obstáculos, transformando situações indesejadas em aprendizagens.

A beleza dessa imersão interior está na descoberta de que todos carregamos uma riqueza única. Cada paixão, cada valor, cada propósito é como uma peça valiosa desse quebra-cabeça da vida. Ao reconhecer e celebrar essa diversidade de riqueza interior, construímos uma comunidade mais forte e compassiva, onde cada pessoa contribui de maneira única para o todo compartilhado.

Não esqueça: a riqueza interior é uma fonte de alegria duradoura. Ela nos ensina a valorizar não apenas o que conquistamos, mas quem nos tornamos ao longo da caminhada. Ao olharmos para dentro, descobrimos que a verdadeira abundância é a conexão com o divino que reside em nosso ser, uma fonte eterna de amor, compaixão e propósito. Nessa jornada, encontramos não apenas riqueza, mas um caminho para uma vida plena e significativa.

34.3 MENSAGEM

Em cada um de nós, há uma fonte inesgotável de riqueza que vai além do que os olhos podem ver. Essa abundância interior não se trata de coisas materiais, mas sim do tesouro interno que carregamos: nossos talentos, nossa bondade, nossos sonhos. Ao explorarmos esse universo dentro de nós, descobrimos uma verdadeira fortuna, capaz de impulsionar nossas vidas de maneiras extraordinárias.

Imagine essa riqueza como uma reserva de energia positiva que está sempre ao nosso alcance. Quando nos conectamos com nossa abundância interior, encontramos a força para superar desafios, a inspiração para alcançar objetivos e a coragem para abraçar novas oportunidades. É como se tivéssemos um superpoder interno, um recurso ilimitado que nos impulsiona na direção dos nossos sonhos.

Ao reconhecer e valorizar essa riqueza interior, transformamos nossa perspectiva de vida. De repente, os obstáculos se tornam trampolins para o sucesso, e as dificuldades se transformam em oportunidades de crescimento. Cada passo que damos nessa jornada de descoberta interna nos aproxima de uma vida mais plena, repleta de realizações e felicidade sincera.

Então, que tal abrir as portas para sua abundância interior e deixar que ela guie o caminho para o extraordinário? Você é mais rico do que imagina!

34.4 FRASE DO DIA

Na abundância interior, encontramos a riqueza inesgotável.

IMERSÃO N.º 35
RELACIONAMENTO

CULTIVE RELAÇÕES GENUÍNAS COM AMOR E RESPEITO

35.1 PRECE/ORAÇÃO

Precioso e amado Deus, inicialmente, quero expressar minha profunda gratidão por todas as bênçãos que tens derramado sobre minha vida e pela oportunidade de vivenciar a riqueza dos laços que proporcionas. Agradeço sinceramente por cada pessoa que conduziste ao meu caminho, reconhecendo-as como presentes valiosos na construção positiva do meu ser.

Capacita-me a ser uma fonte de amor para aqueles que estão ao meu redor, estendendo a mão com compaixão, compreensão e bondade. Que a minha presença reflita o Seu amor incondicional. Tornando-me ainda mais capaz de nutrir relacionamentos com sinceridade, dedicando tempo e esforço para compreender verdadeiramente as necessidades e desejos daqueles que fazem parte da minha vida.

Neste percurso de construção de relacionamentos, peço, Senhor, que o Teu zelo esteja sempre presente em cada interação. Que a Tua orientação me conduza a escolhas sábias, e que o Teu amor seja a base sólida sobre a qual construo cada relacionamento, inclusive os profissionais. Por isso, ajuda-me a ser paciente e tolerante, reconhecendo que todos nós somos Tuas preciosas criaturas, cada um único em Tua criação.

Rogo por sabedoria, oh Deus, para discernir as relações que devo cultivar e aquelas que devo deixar para trás. Que eu aprenda e cresça por meio das experiências que cada pessoa carrega, mantendo meu olhar fixo em Tua graça e orientação. Que, ao me aproximar dos outros, as palavras e ações emanem o reflexo do Teu amor incondicional, inspirando outros a também cultivarem relacionamentos saudáveis e significativos.

Senhor, nesta jornada de cultivar relacionamentos, peço sabedoria para nutrir laços verdadeiros, construídos sobre alicerces de amor e respeito. Que minhas interações sejam permeadas pelo genuíno cuidado e compreensão, refletindo o amor que tens por cada um de nós.

Confiando em Tua constante presença em minha vida e na vida daqueles que amo, rogo para que o Teu zelo divino continue a nos guiar, proteger e fortalecer nossos vínculos uns com os outros. Que, em cada passo, possamos experimentar a plenitude do Teu amor e alegria, construindo relacionamentos que glorifiquem o Teu santo nome.

Assim seja. Amém!

35.2 REFLEXÃO

Por que cultivar relações genuínas com amor e respeito?

Cultivar relações genuínas com amor e respeito é como plantar sementes de felicidade e crescimento em nosso jardim da vida. Imagine nossas conexões como flores que desabrocham, trazendo cores vibrantes e fragrâncias envolventes. Mas por que deveríamos fazer isso? A resposta é simples: porque isso torna nossa caminhada mais bonita, significativa e cheia de alegria.

Quando regamos nossos relacionamentos com amor, criamos um solo fértil para a confiança florescer. Assim como as raízes das árvores sustentam o solo, o amor é a base que mantém nossas conexões fortes. É a cola mágica que une corações, criando laços que resistem aos ventos da vida.

O respeito é como a luz do sol que ilumina nossos relacionamentos. Ele nutre o crescimento, permitindo que cada indivíduo floresça em sua própria singularidade. Ao valorizarmos as diferenças, transformamos nossas interações em um belo caleidoscópio de experiências únicas.

Ao cultivarmos relações sinceras, damos espaço para o florescimento do nosso eu mais verdadeiro. É como abrir as janelas da alma para deixar a luz entrar. O amor e o respeito agem como um abraço caloroso que nos impulsiona na jornada da autodescoberta, inspirando-nos a sermos a melhor versão de nós mesmos.

Além disso, essas relações são como fontes de energia positiva. O amor e o respeito criam um ciclo virtuoso, em que o que damos retorna para nós de maneiras surpreendentes. Imagine essas conexões como luzinhas brilhantes, iluminando até os cantos mais escuros da nossa vida.

Então, por que cultivar relações genuínas com amor e respeito? Porque isso transforma nossa existência em uma dança encantadora de sorrisos, abraços e memórias preciosas. Cada momento compartilhado se torna um tesouro, e a vida se torna uma celebração constante da beleza que é viver conectado, com amor e respeito, todos os dias.

35.3 MENSAGEM

Nas relações, está a magia que transforma vidas. Conexões verdadeiras não são apenas encontros, são oportunidades de crescimento e encanto. Cada pessoa que cruza seu caminho traz consigo a chance de inspiração, desafio e apoio. Juntos, somos mais fortes, construindo uma rede de suporte que impulsiona cada um a alcançar alturas antes inimagináveis.

A verdadeira magia está na autenticidade. Ao compartilhar sua história e aceitar a dos outros, cria-se um espaço onde cada indivíduo se sente visto e valorizado. Celebrar as diferenças e construir conexões baseadas na verdade revela a magia oculta nas relações. Abra-se para essa experiência única e enriquecedora, onde cada encontro é uma oportunidade para desbloquear o extraordinário.

Descubra a magia das conexões verdadeiras. Cada relacionamento é uma página em branco, pronta para ser preenchida com histórias de crescimento, apoio e encanto. Permita-se viver essa jornada extraordinária, em que a verdade e a autenticidade são as chaves para desvendar uma magia que só as conexões verdadeiras podem proporcionar.

35.4 FRASE DO DIA

No relacionamento, encontramos a magia das conexões verdadeiras.

IMERSÃO N.º 36
TRABALHO

DEDIQUE-SE COM PAIXÃO E ESFORÇO AO SEU TRABALHO

36.1 PRECE/ORAÇÃO

Amado Pai Celestial, em humildade, dirijo-me a Ti buscando a Tua orientação e encorajamento. Ajuda-me a aprender a confiar em Ti, mesmo nas adversidades da vida, pois reconheço que em Tua graça encontro força e consolo. Assim como prometeste na Tua Palavra, sei que dás encorajamento ao cansado e aumentas as forças ao que não têm vigor.

Senhor, ensina-me a esperar pacientemente em Ti, sabendo que os que confiam no Senhor renovarão suas forças. Que a minha confiança esteja ancorada em Tua fidelidade inabalável, mesmo quando os desafios da vida parecem esmagadores. Fortalece a minha fé para que eu possa perseverar com confiança na Tua providência divina.

Pai, guia-me na senda da honestidade em todas as minhas ações e palavras. Que a integridade seja a base do meu caráter, refletindo a Tua santidade em cada aspecto da minha vida. Capacita-me a ser transparente e verdadeiro, honrando-Te em todas as circunstâncias.

Com zelo, Senhor, encaro as atividades diárias que me proporcionas para o sustento. Que eu possa abraçar cada responsabilidade com diligência, sabendo que é por meio do meu trabalho honesto que posso glorificar-Te. Inspira-me a ver as tarefas cotidianas como oportunidades para servir e refletir Teu amor aos outros.

Pai, peço Tua sabedoria para discernir as Tuas direções em minha jornada. Guia-me em minhas escolhas e decisões, para que tudo o que faça seja para a Tua glória. Que cada passo seja moldado pela Tua vontade, e que eu possa ser um instrumento nas Tuas mãos para manifestar o Teu reino aqui na Terra.

Concede-me, ó Deus, a força para superar as adversidades com coragem e fé. Que, ao enfrentar desafios, eu encontre consolo em Tua presença constante. Que o Espírito Santo me fortaleça interiormente, capacitando-me a prosseguir com confiança, sabendo que estou seguro em Teus braços amorosos.

Em tudo, Senhor, agradeço-Te por Tua graça abundante e por seres meu refúgio seguro. Que a minha vida seja uma constante expressão de louvor e adoração a Ti, pois és digno de toda honra e glória. Assim seja. Amém!

36.2 REFLEXÃO

Por que se dedicar com paixão e esforço ao seu trabalho?

Em meio a tempos desafiadores, a reflexão sobre por que se dedicar com paixão e esforço ao trabalho torna-se essencial para construir um futuro mais promissor. O receio do desemprego, uma sombra constante, nos impulsiona a buscar maneiras de enfrentar a incerteza e prosperar. Nesse cenário, a proposta de dedicar-se com paixão e esforço a uma atividade remunerada emerge como um guia valioso, oferecendo não apenas a garantia de ampliar o sustento, mas também a oportunidade de concretizar grandes sonhos.

Dedicar-se com paixão vai além de uma abordagem pragmática; é um compromisso profundo com a realização pessoal e profissional. A paixão atua como um motor interno, impulsionando-nos a superar desafios e explorar nosso potencial máximo. Essa entrega integral ao trabalho não apenas assegura uma fonte de sustento, mas também constrói a base para uma jornada profissional recompensadora.

Em momentos incertos, é crucial considerar a importância do talento natural. Cada pessoa é dotada de habilidades únicas, muitas vezes inexploradas. A paixão e o esforço no trabalho tornam-se ferramentas poderosas para desbloquear e aprimorar esses talentos naturais. Ao dedicar-se a descobrir e desenvolver suas habilidades inatas, uma pessoa não apenas enriquece sua própria vida, mas também contribui para um ambiente de trabalho mais diversificado e dinâmico.

A busca pela excelência no trabalho não é apenas uma busca por reconhecimento; é um caminho para o crescimento contínuo. Ao investirmos paixão e esforço em cada tarefa, alcançamos um padrão de qualidade que transcende o convencional. Essa busca incessante pela excelência não apenas eleva o nível do nosso trabalho, mas também inspira aqueles ao nosso redor, criando uma atmosfera de motivação e realização.

A dedicação com paixão e esforço ao trabalho não é apenas um compromisso individual, mas uma contribuição para uma sociedade mais resiliente e vibrante. Ao perseguirmos nossos objetivos com determinação, tornamo-nos exemplos vivos de como é possível enfrentar os desafios com otimismo e persistência. Essa atitude inspira não apenas colegas de trabalho, mas também a comunidade em que estamos inseridos.

Ademais, dedicar-se ao trabalho com paixão e esforço é uma forma de honrar a singularidade de cada indivíduo. Ao reconhecermos e valorizarmos os talentos naturais, construímos um ambiente no qual a diversidade é celebrada e a criatividade floresce. Isso não apenas torna o trabalho mais gratificante, mas também contribui para um mundo mais inovador e harmonioso.

Portanto, a dedicação com paixão e esforço ao trabalho é mais do que uma escolha; é um compromisso com a autenticidade, com a busca contínua por um propósito significativo. Em tempos difíceis, essa abordagem não apenas nos sustenta, mas também nos impulsiona a construir um futuro repleto de realizações. Ao investirmos integralmente em nossas atividades, honrando nossos talentos naturais, criamos não apenas carreiras sólidas, mas um legado inspirador para as gerações futuras.

36.3 MENSAGEM

No universo do trabalho, descobrimos que a verdadeira realização está entrelaçada com a busca incansável pela excelência. Cada desafio, cada tarefa cotidiana, representa uma oportunidade de elevarmos nossos padrões e nos superarmos. A excelência não é apenas um objetivo a ser alcançado; é um compromisso diário de dar o nosso melhor em tudo o que fazemos.

Ao perseguirmos a excelência, não apenas deixamos nossa marca no mundo profissional, mas também encontramos uma fonte constante de satisfação pessoal. Cada passo em direção à perfeição, mesmo que pequeno, é um investimento em nosso crescimento e desenvolvimento. A busca pela excelência não conhece limites, é uma jornada em constante evolução que nos impulsiona a ir além do convencional.

Portanto, lembre-se, o caminho para a realização no trabalho está pavimentado com a busca pela excelência. Que cada dia seja uma oportunidade renovada de brilhar, de destacar-se não apenas pelo que fazemos, mas pela qualidade excepcional com que o fazemos. Sejamos agentes da mudança, inspirando e elevando aqueles ao nosso redor, enquanto avançamos com determinação na trilha da excelência.

36.4 FRASE DO DIA

No trabalho, encontramos a realização na busca pela excelência.

IMERSÃO N.º 37
SAÚDE

PRIORIZE HÁBITOS SAUDÁVEIS PARA O BEM-ESTAR DO CORPO E MENTE

37.1 PRECE/ORAÇÃO

Divino e adorável Deus, só Tu conheces as dores que tenho enfrentado, tanto físicas quanto emocionais. Contudo, sei que és minha cura e proteção. Sem o teu amor acolhedor, não estaria aqui, neste momento, agradecendo pelo ar que respiro e pela consciência da tua bondade que permeia a minha existência.

Reconheço que és o autor da minha vida, e venho a Ti com amor e reverência, buscando orientação e bênçãos na minha jornada de saúde e bem-estar. Tu és a minha única esperança para todos os problemas que enfrento. Amo sentir a tua presença, que restaura minhas dores e me envolve com o abraço acolhedor de Pai.

Senhor, ensina-me a priorizar hábitos saudáveis que honrem o corpo e a mente que me confiaste. Que o amor que semeio em minhas escolhas reflita o teu amor por mim. Que eu encontre paz na busca pelo equilíbrio, compreendendo que cuidar deste templo é um ato de adoração a Ti.

Só em Ti encontro a força para enfrentar desafios e a coragem para buscar a cura necessária. Por isso, Deus de misericórdia, clamo por tua cura divina em todas as áreas da minha vida. Que tu sejas o bálsamo que restaura não apenas o meu corpo, mas também a minha mente e alma. Livra-me de qualquer mal que tente se aproximar, pois confio que, em teu nome, encontro refúgio e proteção.

Senhor, frequentemente percebo minha fraqueza e limitação em manter meu corpo e mente em equilíbrio. Ensina-me a priorizar hábitos saudáveis que honrem este corpo e mente que me confiaste. Que o amor que semeio em minhas escolhas reflita o teu amor por mim. Que eu encontre paz na busca pelo equilíbrio, entendendo que cuidar deste templo é um ato de adoração a Ti.

No altar da minha vida, ofereço meus temores e inseguranças. Que a tua luz afaste as trevas que tentam obscurecer a minha caminhada. Deus, livra-me do mal, protege-me de influências negativas e fortalece minha determinação em buscar uma vida saudável, tanto física quanto espiritualmente.

Pai celestial, em Ti encontro a fonte do verdadeiro amor. Que esse amor guie minhas escolhas, incentivando-me a cuidar do meu corpo como um presente sagrado. Que eu possa, por meio dos meus hábitos saudáveis, refletir o amor que recebo diariamente de Ti, irradiando-o para aqueles ao meu redor.

Agradeço, Senhor, por seres meu refúgio e fortaleza. Em cada passo da minha jornada em direção à saúde, sei que posso contar contigo. Que a tua graça me envolva, capacitando-me a viver em equilíbrio, honrando o presente maravilhoso que é a minha vida. Assim seja. Amém!

37.2 REFLEXÃO

Por que priorizar hábitos saudáveis para o bem-estar do corpo e mente?

Ao priorizarmos hábitos saudáveis, abrimos as portas para uma jornada que vai além da busca estética. Estamos, na verdade, investindo na morada que nos acolhe, o corpo. Ele não é apenas um veículo, mas um templo que merece ser honrado. Cuidar do corpo é um ato de gratidão pela dádiva da existência, é reconhecer que a saúde física é a base sobre a qual construímos nossa jornada.

A mente, esse jardim intricado de pensamentos e emoções, floresce quando cultivada com hábitos saudáveis. A prática regular da tranquilidade mental, seja por meio da meditação ou da busca por pensamentos construtivos, não é um luxo, mas uma necessidade. Ao nutrirmos a mente, ganhamos clareza para enfrentar os desafios cotidianos e promovemos a resiliência necessária para evoluir.

O amor-próprio emerge como uma resposta essencial à pergunta. Reservar tempo para cuidar de si mesmo não é um ato egoísta, mas uma expressão de autocompaixão. Aceitar e acolher a própria essência é o ponto de partida para uma jornada de evolução. Ao amarmos a nós mesmos, estamos construindo alicerces sólidos para a saúde mental e emocional.

A aceitação e acolhimento, componentes cruciais da jornada, transcendem a mera tolerância. Aceitar-se é entender que somos seres em constante evolução, e a jornada para hábitos saudáveis é também uma jornada de autodescoberta. Ao abraçarmos nossos limites, começamos a desvendar nosso potencial latente.

Entenda: a vida é uma narrativa em constante reescrita, e cada escolha saudável é uma página virada na direção do autodesenvolvimento. Contudo, essa busca não está completa sem um propósito que transcenda o individual. Ter um norte, uma razão que justifique cada escolha, confere significado à jornada. O propósito é a luz que guia os passos na trilha do bem-estar, conectando corpo, mente e espírito numa dança harmônica em direção à evolução pessoal.

Entenda: priorizar hábitos saudáveis é mais do que uma opção; é uma convocação para uma vida plena. É um compromisso consigo mesmo e com a busca constante por uma existência que celebra a integralidade do ser. Num universo de escolhas, essa é a escolha que ecoa em todas as dimensões da vida, impulsionando-nos em direção a uma evolução pessoal que transcende o meramente físico, adentrando os recantos mais profundos da alma.

37.3 MENSAGEM

Na saúde, descobrimos a fundação de uma vida plena, em que cada batida do coração se torna um tributo à nossa existência. Ela não é apenas a ausência de doenças, mas um estado dinâmico de equilíbrio que permeia cada fibra do nosso ser. Ao reconhecermos a importância da saúde, abrimos as portas para um caminho que nos leva além da mera sobrevivência, conduzindo-nos a uma jornada de prosperidade e vitalidade.

Cuidar da nossa saúde é mais do que um compromisso com o corpo; é um pacto com a qualidade de vida. É a arte de cultivar hábitos que alimentam não apenas os nossos músculos e órgãos, mas também a nossa mente e espírito. Cada escolha saudável que fazemos é uma declaração de amor-próprio e um investimento no nosso bem-estar em todas as áreas da nossa vida.

Portanto, que cada passo em direção a uma escolha saudável seja encarado como uma celebração da vida que pulsa em nossas veias. Na busca incessante pela plenitude, a saúde se revela como a aliada mais fiel, guiando-nos na dança harmoniosa entre corpo, mente e espírito. Que, ao reconhecermos a base da saúde, possamos trilhar um caminho de autenticidade, vitalidade e descobertas constantes.

37.4 FRASE DO DIA

Na saúde, encontramos a base para uma vida plena.

IMERSÃO N.º 38
MENTALIDADE

DESENVOLVA UMA MENTALIDADE POSITIVA PARA SUPERAR DESAFIOS

38.1 PRECE/ORAÇÃO

Divino Criador, hoje, diante de Tua grandiosa presença, elevo minha gratidão pela dádiva da mente, um tesouro divinamente tecido com as faculdades da percepção, intuição, vontade, razão, memória e imaginação. Agradeço por esses dons, que moldam a essência da minha existência, permitindo-me compreender, aprender e superar desafios.

Em minha trajetória, rogo pela transformação da minha mentalidade, capacitando-me a desenvolver uma perspectiva positiva diante das adversidades. Que a percepção aguçada me permita enxergar oportunidades onde há desafios, que a intuição seja minha guia sábia nos momentos de decisão, e que a vontade seja o combustível que impulsiona meu compromisso em superar qualquer obstáculo.

Senhor, concede-me a graça de uma razão iluminada, para que eu possa discernir com clareza os caminhos a seguir. Que a memória seja uma aliada, recordando lições aprendidas e fortalecendo-me com a sabedoria do passado. E que a imaginação seja uma fonte inesgotável de criatividade, inspirando-me a visualizar um futuro repleto de conquistas e superações.

Em profundo reconhecimento, agradeço pela capacidade de construir uma mentalidade positiva, e, com humildade, peço por Tua orientação constante nesse processo. Motiva-me a abraçar cada desafio como uma oportunidade de crescimento, fortalecendo minha fé e confiança em Ti.

Que esta oração seja um marco na transformação da minha mentalidade, capacitando-me a enfrentar os desafios com coragem, determinação e uma fé inabalável, em nome do Pai, do Filho e do Espírito Santo. Assim seja. Amém!

38.2 REFLEXÃO

Por que desenvolver uma mentalidade positiva para superar desafios?

Desenvolver uma mentalidade positiva é como dar um impulso poderoso para superar os desafios que surgem no caminho da vida. É como colocar um par de óculos otimistas que nos permite enxergar possibilidades mesmo nas situações mais difíceis. Quando cultivamos essa mentalidade, abrimos as portas para a superação e o desbloqueio de todo o nosso potencial.

Imagine a sua mente como uma equipe de super-heróis, em que cada faculdade mental – percepção, intuição, vontade, razão, memória e imaginação – é um membro valioso dessa liga da positividade. A percepção aguçada nos ajuda a ver oportunidades em meio aos desafios, enquanto a intuição sábia nos guia na tomada de decisões. A vontade nos impulsiona, a razão ilumina o caminho, a memória nos lembra das lições aprendidas, e a imaginação cria mapas de sonhos que nos motivam a seguir em frente.

Ao desenvolvermos uma mentalidade positiva, estamos, na verdade, treinando esses superpoderes interiores. Estamos ajustando as engrenagens da mente para trabalharem a nosso favor. Isso não significa ignorar os desafios, mas sim encará-los com um espírito de resiliência e esperança.

Quando enfrentamos as dificuldades com uma mentalidade positiva, estamos construindo uma escada resistente para subir em direção à superação. Cada degrau é moldado pela nossa vontade de avançar, pela nossa capacidade de aprender com as experiências passadas e pela nossa imaginação que nos impulsiona para um futuro melhor.

Essa abordagem mental não apenas fortalece a resiliência, mas também direciona o foco para soluções em vez de problemas. Ao cultivar uma mentalidade positiva, contribuímos para a nossa saúde mental, reduzindo o estresse e a ansiedade. Além disso, a atitude positiva serve como um impulso motivacional, incentivando a persistência na busca por metas e objetivos.

Então, desenvolver uma mentalidade positiva é mais do que um pensamento, é uma atitude. É um convite para liberar o poder interior que nos impulsiona na jornada da vida, tornando-nos verdadeiros arquitetos do nosso destino. Ao fazer isso, não só superamos desafios, mas também crescemos, evoluímos e transformamos obstáculos em trampolins para o sucesso. Que essa jornada seja repleta de aprendizado e conquistas.

38.3 MENSAGEM

A chave para abrir as portas das oportunidades está na nossa mentalidade. É a forma como encaramos os desafios e abraçamos o positivo que cria um solo fértil para nosso crescimento pessoal e profissional. Ao focarmos em soluções, em vez de nos perdermos nos problemas, nos capacitamos a descobrir oportunidades mesmo nas situações mais difíceis.

Quando adotamos uma mentalidade positiva, transformamos obstáculos em trampolins para o sucesso. Acreditar que podemos aprender com cada experiência, seja ela qual for, nos motiva a abraçar novas possibilidades. Essa mentalidade não só nos fortalece diante das adversidades, mas também nos coloca em uma posição para atrair oportunidades que, de outra forma, passariam despercebidas.

Entenda: a mentalidade é o estímulo que nos permite ajustar ativamente nosso destino. Ao compreendermos que as oportunidades muitas vezes se disfarçam de desafios, podemos transformar a maneira como encaramos a vida. Cultivar uma mentalidade positiva não apenas nos capacita a abrir portas, mas também a criar um caminho repleto de oportunidades que refletem nosso potencial mais elevado. Vamos em frente, confiantes de que cada desafio é uma chance de crescimento e sucesso!

38.4 FRASE DO DIA

Na mentalidade, encontramos a chave para abrir portas de oportunidade.

IMERSÃO N.º 39
CRENÇAS LIMITANTES

SUPERE CRENÇAS QUE LIMITAM SEU POTENCIAL

39.1 PRECE/ORAÇÃO

Neste momento especial, meu coração transborda de gratidão por cada novo dia e pelas inúmeras oportunidades que Tu, Senhor, generosamente me proporcionas. Agradeço pela Tua presença constante em minha vida e pelo dom precioso da fé que me guia, pois sei que és o Caminho, a Verdade e a Vida.

Diante de Ti, compartilho os anseios mais profundos do meu ser. Reconheço que, por vezes, permiti que crenças limitantes se instalassem em minha mente, obscurecendo a verdadeira grandiosidade do Teu plano para mim. Às vezes, sem perceber, deixei que as vozes ao meu redor moldassem meu entendimento, restringindo minha capacidade de alcançar o potencial extraordinário que Tu, Senhor, destinaste a mim.

Humildemente, peço que me concedas a força e a sabedoria para discernir essas crenças sutis que me limitam. Liberta-me, ó Deus, das amarras invisíveis que impedem meu crescimento espiritual, emocional e pessoal. Capacita-me a reconhecer a verdade que reside em Tua luz divina, para que eu possa caminhar com confiança pelo caminho glorioso que Tu traçaste para mim.

Que a Tua graça inunde meu ser, dissipando toda sombra de dúvida e medo. Capacita-me a viver em total alinhamento com a Tua vontade, confiando plenamente no Teu amor e orientação. Que a verdadeira essência do meu ser floresça, revelando o sublime propósito que Tu, Senhor, tens para mim.

Agradeço, de todo o coração, pela oportunidade de me dirigir a Ti em oração. Que este diálogo maravilhoso com o divino Criador seja o ponto de partida para uma transformação profunda em minha vida.

Permita-me seguir Teus passos com confiança e determinação, encontrando em Ti o exemplo supremo de vida. Concede-me a permissão para romper as amarras que me prendem ao passado, abrindo caminho para uma nova história de superação e realização.

Que minha fé floresça, ó Deus, nutrindo-a diariamente. Que minha jornada seja marcada por uma profunda confiança em Ti, pois sei que, contigo, todas as coisas são possíveis. Assim seja. Amém!

39.2 REFLEXÃO

Por que superar crenças que limitam seu potencial?

Viver plenamente significa enfrentar os obstáculos que a gente mesmo cria, muitas vezes sem perceber, por meio de ideias que nos limitam. Esses pensamentos que dizem o que podemos ou não fazer são como correntes que prendem nosso potencial. Mas, quando superamos essas crenças limitadoras, descobrimos um território vasto de possibilidades e conquistas esperando por nós.

Imagine sua vida como um campo cheio de oportunidades e coisas boas. Mas, ao acreditarmos em limitações impostas por pensamentos negativos, construímos cercas imaginárias que nos seguram e impedem de alcançar nosso potencial total. É importante entender que essas crenças são só coisas que a gente cria na mente, não verdades incontestáveis. O primeiro passo para um futuro melhor é desafiar essas ideias e abrir a porta para novas possibilidades.

Quando superamos crenças limitantes, abrimos nossas mentes para coisas novas. Às vezes, nos surpreendemos ao perceber que somos capazes de fazer mais do que imaginávamos. A mudança começa quando questionamos essas ideias antigas, trocando-as por pensamentos que nos dão confiança e autoestima. Tomar controle da nossa mente nos liberta e nos leva na direção de realizar nossos sonhos.

Não podemos ignorar como nossas crenças afetam o que fazemos todos os dias. Se acreditamos que não merecemos sucesso, por exemplo, criamos um obstáculo que sabota nossos esforços sem percebermos. Superar essas ideias requer mudar a forma como pensamos, comprometendo-nos a desafiar e reescrever a história que contamos a nós mesmos. Isso fortalece nossa determinação e cria uma base sólida para o sucesso futuro.

Superar crenças limitantes não é fácil, mas é necessário para alcançar nosso potencial total. Enfrentando esses obstáculos internos, ficamos mais fortes e desenvolvemos uma atitude mais positiva. A cada passo, descobrimos mais sobre nossas capacidades e desafiamos os limites que nos impediam de alcançar nossos sonhos.

Ao superarmos crenças limitantes, não só moldamos nosso próprio destino, mas também influenciamos a história da sociedade em que vivemos. Ser livre para ser autêntico e buscar nossos objetivos não é apenas para nós mesmos; é um presente que compartilhamos, inspirando outros a explorar seus próprios potenciais.

Então, ao superar essas crenças, abrimos caminho para uma verdadeira realização pessoal. Cada desafio e cada crença superada nos aproxima de uma versão mais autêntica e plena de nós mesmos. A jornada continua, e a recompensa é a liberdade de viver sem as amarras do passado. Vamos nos comprometer a desafiar essas crenças, abrindo caminho para um futuro cheio de promessas e realizações.

39.3 MENSAGEM

Dentro daqueles pensamentos que nos fazem acreditar que não somos capazes, enfrentamos verdadeiros desafios. Mas, acredite, cada dificuldade que aparece é como um convite para mostrarmos do que somos feitos. Nada acontece por acaso, e cada problema é uma chance de crescer, de provar para nós mesmos que podemos ir além do que imaginamos.

Quando a gente enfrenta essas ideias negativas com coragem, percebe que temos o poder de mudar nossa própria história. Cada vez que superamos um problema, é como se a disséssemos "não" para a negatividade e "sim" para a liberdade de ser quem somos. A vida, mesmo com suas surpresas, continua a seguir em frente, e é na superação que encontramos a força para escrever os próximos capítulos da nossa história.

Então, lembre-se de que nada acontece por acaso. Cada vez que você vence um desafio, está construindo um caminho para um futuro melhor. Não importa o que aconteça, a vida continua, e cada desafio é uma chance de crescimento e sucesso. Você é o herói da sua própria história, e a superação é a chave para uma vida cheia de conquistas. Vamos em frente, porque cada passo nos leva a um lugar melhor!

39.4 FRASE DO DIA

Nas crenças limitantes, encontramos desafios a serem vencidos.

IMERSÃO N.º 40
PROCRASTINAÇÃO

ENFRENTE A PROCRASTINAÇÃO COM AÇÃO IMEDIATA

40.1 PRECE/ORAÇÃO

Querido Deus, hoje, venho diante de Ti para buscar a Tua orientação e força para enfrentar a armadilha da procrastinação em minha vida. Reconheço que, muitas vezes, permiti que o adiamento minasse o meu potencial e a realização dos propósitos que traçaste para mim.

Senhor, peço perdão por cada momento em que hesitei, adiando aquilo que sei que devo fazer. Capacita-me a superar a procrastinação com ação imediata, inspirando-me a aproveitar cada oportunidade que colocaste diante de mim.

Agradeço por me capacitares com dons e talentos únicos. Ajuda-me a reconhecer a importância de utilizar essas dádivas de maneira diligente e eficaz. Dá-me a motivação necessária para agir com determinação e coragem diante das tarefas que me aguardam.

Fortalece a minha fé, Pai, para que eu confie em Ti em todos os momentos. Que a esperança em Teu amor e em minha capacidade, concedida por Ti, seja o combustível que impulsiona a minha jornada. Capacita-me a enxergar cada desafio como uma oportunidade de crescimento e de glorificar o Teu nome.

Senhor, que minha vida seja um reflexo do Teu amor e da Tua graça. Que eu possa ser motivado pela busca constante da excelência, agindo com determinação e confiança no Teu plano para a minha vida.

Em nome de Jesus, que é a minha fonte de força, motivação e esperança, eu oro.

Assim seja. Amém!

40.2 REFLEXÃO

Por que enfrentar a procrastinação com ação imediata?

Enfrentar a procrastinação com ação imediata é mais do que simplesmente combater o hábito de adiar tarefas. É um compromisso consigo mesmo, uma escolha corajosa de desafiar a inércia e abraçar a produtividade. Isso porque a procrastinação muitas vezes emerge da ansiedade, do medo do fracasso ou da sobrecarga de tarefas, mas enfrentá-la de frente com ação imediata pode transformar esse ciclo vicioso em uma espiral ascendente de conquistas e autoaperfeiçoamento.

Dessa forma, ao agir imediatamente, você quebra as correntes que a procrastinação tenta impor. O primeiro passo é frequentemente o mais difícil, mas também o mais crucial. O simples ato de começar uma tarefa cria um impulso positivo, um senso de realização que serve como combustível para continuar progredindo. Cada pequeno passo adicional se torna mais fácil, construindo uma dinâmica positiva que afasta a procrastinação.

Além disso, a ação imediata é um antídoto poderoso contra a paralisia da indecisão. Ao decidir agir de imediato, você elimina a sobrecarga de escolhas e compromete-se com um curso de ação. Isso reduz a ansiedade associada à indecisão, permitindo que você se concentre na execução da tarefa em vez de se perder em um mar de possibilidades.

A ação imediata também desafia a noção de que é necessário estar no "estado certo" ou ter a "inspiração certa" para começar. Muitas vezes, a inspiração surge da própria ação. Ao começar, você pode descobrir que está mais envolvido, mais inspirado e mais capaz do que imaginava inicialmente. A motivação muitas vezes é um subproduto da ação, não uma condição prévia.

Nesse sentido, ao escolher a ação imediata, você está investindo no seu próprio crescimento pessoal. Cada desafio superado, mesmo que inicialmente pareça pequeno, contribui para o desenvolvimento da sua resiliência e autodisciplina. Essas são habilidades valiosas que transcendem o âmbito da tarefa específica e moldam um caráter forte e capaz de enfrentar os desafios da vida.

Portanto, enfrente a procrastinação não como um obstáculo insuperável, mas como uma oportunidade para demonstrar a si mesmo do que é capaz. Escolha a ação imediata como sua arma contra a inércia, e você descobrirá que, ao tomar as rédeas da sua produtividade, você está também tomando as rédeas da sua própria vida.

40.3 MENSAGEM

Vencer a mania de procrastinar é o atalho para alcançar nossos objetivos. Quando decidimos agir imediatamente, estamos quebrando o ciclo de adiamento e abrindo espaço para o sucesso. Cada passo dado sem demora é uma vitória sobre a inércia, mostrando que somos capazes de transformar intenções em realizações.

A verdadeira magia acontece no primeiro passo, na coragem de começar sem hesitar. Ao fazer isso, enfraquecemos a procrastinação, lembrando a nós mesmos que temos o poder de fazer acontecer. Não subestime o impacto de simplesmente começar – é esse impulso inicial que coloca os sonhos ao nosso alcance.

O sucesso se constrói com pequenos passos consistentes. Cada ação realizada no momento certo é como um bloco sólido na construção do que almejamos. Procrastinar pode ser desafiador, mas escolher agir agora é a chave para desbloquear um futuro repleto de conquistas. Portanto, não deixe para depois o que você pode começar hoje. Suas maiores vitórias aguardam a coragem do seu primeiro passo decidido.

40.4 FRASE DO DIA

Na superação da procrastinação, encontramos o caminho para conquistas.

IMERSÃO N.º 41
ANSIEDADE

CULTIVE A SERENIDADE PARA ENFRENTAR A ANSIEDADE

41.1 PRECE/ORAÇÃO

Divino Criador, fonte de paz e força, recorro à tua luz neste momento para sentir o teu abraço, pois tu tens a serenidade para acalmar minha mente inquieta. Que a paz que emanas envolva meu ser como um manto, permitindo que cada respiração seja uma inspiração de calma e cada pensamento seja guiado pela serenidade.

Concede-me a coragem necessária para enfrentar os medos e as incertezas que permeiam minha vida. Que essa coragem seja como um fogo interior, iluminando o caminho diante de mim, e inspirando-me a agir com determinação diante dos desafios que surgem.

Na busca pela sabedoria, guia-me para discernir entre aquilo que posso realizar e o que devo aceitar. Que eu encontre a clareza para agir nas coisas que posso transformar, enquanto percebo aquilo que foge ao meu controle. Que a sabedoria seja minha bússola, orientando-me nas escolhas que promovem a paz e a harmonia.

Em meio à angústia, encontra-me com tua compaixão. Que em cada momento de aflição, eu possa sentir a tua presença acalmando meu coração e trazendo consolo à minha alma. Que a consciência da impermanência da vida me lembre da beleza do presente, instigando-me a viver com gratidão e apreciação.

Agradeço pelas dádivas da vida e busco a paz interior como um reflexo da tua luz. Que mesmo nas sombras da ansiedade, eu encontre a força para caminhar com fé, coragem e gratidão. Que cada desafio seja uma oportunidade de crescimento e que eu siga minha jornada com propósito e significado.

Que a luz do amor e compaixão brilhe em meu coração, tornando-me consciente da minha conexão contigo. Que a alegria se manifeste nos pequenos momentos de cada dia, e que eu valorize cada respiração como um presente divino. Com humildade, expresso gratidão pela dádiva da existência e peço forças para viver com autenticidade e compaixão.

Que esta oração seja uma luz guia em meu caminho, conduzindo-me para a paz e plenitude, cultivando a serenidade para enfrentar os desafios da vida. Assim, seja. Amém!

41.2 REFLEXÃO

Por que cultivar a serenidade para enfrentar a ansiedade?

A serenidade desempenha um papel fundamental em nossa jornada, especialmente quando confrontamos os desafios da vida. Em vez de focar na ansiedade, cultivar a serenidade oferece uma abordagem mais centrada e equilibrada para lidar com as incertezas e pressões cotidianas.

Ao buscarmos a serenidade, estamos nos equipando com uma mentalidade tranquila e resiliente. Em vez de sermos consumidos pela ansiedade, aprendemos a aceitar o que não podemos mudar e a direcionar nossa energia para aquilo que está sob nosso controle. Essa atitude não apenas alivia o peso da preocupação constante, mas também nos capacita a agir de maneira mais eficaz diante dos desafios.

A serenidade funciona como um escudo protetor, permitindo-nos manter a calma em meio à tempestade. Ela nos ajuda a desenvolver uma perspectiva mais clara sobre os eventos da vida, permitindo-nos tomar decisões mais ponderadas e construtivas. Enfrentar os desafios com serenidade não implica a ausência de dificuldades, mas sim a presença de uma mente equilibrada que pode lidar com elas de maneira mais eficaz.

Além disso, cultivar a serenidade contribui para o nosso bem-estar emocional e físico. Reduzir os níveis de estresse e ansiedade não apenas melhora a qualidade de vida, mas também fortalece nossa saúde mental e emocional. Ao abraçar a serenidade como uma prática diária, construímos uma base sólida para enfrentar os altos e baixos da vida com mais confiança e resiliência.

Então, quando escolhemos ter calma, não só enfrentamos a ansiedade, mas também lidamos melhor com os desafios da vida. Optar pela calma é como construir uma base sólida para enfrentar problemas e seguir em frente de forma positiva. Lembre-se, ter calma não é só se sentir tranquilo às vezes; é uma decisão que melhora como você encara a vida. Portanto, siga em frente com calma, iluminando cada desafio com a promessa de crescimento e bem-estar duradouro.

41.3 MENSAGEM

Na calma diante da ansiedade, descobrimos uma força interior que muitas vezes subestimamos. É como encontrar uma reserva de poder dentro de nós, capaz de nos guiar pelos momentos turbulentos. Enquanto enfrentamos desafios, a serenidade se torna nossa aliada, proporcionando a clareza necessária para tomar decisões com sabedoria.

Ao abraçarmos a calma, não apenas enfrentamos a ansiedade, mas também construímos resiliência. É como fortalecer nossos alicerces emocionais, preparando-nos para as tempestades da vida. Cada momento de tranquilidade é um passo em direção ao desenvolvimento de uma mentalidade positiva, capaz de transformar obstáculos em oportunidades.

Assim, lembre-se de que, na calma, reside uma poderosa fonte de força interior. Ao cultivar esse estado de espírito, estamos equipando-nos para enfrentar desafios com confiança e determinação. Que cada respiração tranquila seja um lembrete de que, dentro de nós, há uma força resiliente pronta para nos impulsionar para frente, mesmo nos momentos mais desafiadores.

41.4 FRASE DO DIA

Na calma diante da ansiedade, encontramos a força interior.

IMERSÃO N.º 42
SENTIMENTOS

EXPLORE E ACEITE SEUS SENTIMENTOS DE MANEIRA SAUDÁVEL

42.1 PRECE/ORAÇÃO

Amado Deus, hoje, venho diante de Ti com um coração que já experimentou a angústia da ansiedade, mas encontra consolo na Tua presença. Quando as preocupações pareciam dominar meu ser, o Teu conforto trouxe alívio profundo à minha alma.

Senhor, em meio aos turbilhões de pensamentos inquietos, eu encontro refúgio em Tua graça. Tua promessa de que "não andarei ansioso por coisa alguma" é uma âncora firme para minha alma. Ajuda-me a soltar as preocupações e a confiar que, em Ti, encontro verdadeira paz.

Na quietude deste momento, permita-me sentir a doçura da Tua presença. Que o Teu Espírito Santo envolva meu coração, dissipando qualquer temor que possa persistir. Em Teus braços, encontro consolo para as inquietações e esperança para os dias que virão.

Agradeço, Deus, por seres o meu refúgio seguro, onde posso depositar todas as minhas ansiedades. Tu és a fonte de paz que transcende qualquer compreensão humana. Em Teu amor, encontro descanso para minha alma atribulada.

Senhor, orienta-me a buscar a Tua face em meio aos desafios e incertezas da vida. Que eu aprenda a entregar a Ti não apenas as minhas preocupações, mas também a confiar em Tua orientação sábia. Guia-me em cada passo, pois sei que estás no controle.

Que este momento de oração seja um lembrete constante de que, em meio às lutas, posso encontrar conforto em Ti. Que minha fé seja fortalecida e que eu possa testemunhar a Tua fidelidade, mesmo nos momentos de ansiedade.

Em nome de Jesus, o Príncipe da Paz, eu ofereço esta oração, confiante na Tua graça que sustenta e restaura. Assim seja. Amém!

42.2 REFLEXÃO

Por que explorar e aceitar seus sentimentos de maneira saudável?

Explorar e aceitar nossos sentimentos de maneira saudável é fundamental para o nosso bem-estar emocional. Muitas vezes, nos deparamos com uma sociedade que valoriza a positividade constante, mas a verdade é que todos experimentamos uma gama de emoções ao longo da vida. Ignorar ou reprimir sentimentos pode resultar em consequências negativas para nossa saúde mental.

Ao nos permitirmos explorar nossos sentimentos, abrimos a porta para o autoconhecimento. Entender o que estamos sentindo nos ajuda a compreender melhor nossas reações e comportamentos. Essa consciência emocional nos capacita a lidar de forma mais eficaz com os desafios da vida, construindo uma base sólida para o crescimento pessoal.

Além disso, a aceitação dos sentimentos nos permite desenvolver uma relação mais saudável com nós mesmos. Em vez de nos julgarmos por sentir determinadas emoções, aprendemos a nos tratar com compaixão. Essa autocompaixão cria um ambiente interno mais positivo, fortalecendo nossa resiliência diante das adversidades.

Ao explorarmos nossos sentimentos, também fortalecemos os vínculos interpessoais. A comunicação aberta e honesta sobre nossas emoções promove relacionamentos mais profundos e significativos. A vulnerabilidade compartilhada cria conexões autênticas, permitindo que os outros nos compreendam melhor e, por sua vez, nos apoiem em momentos difíceis.

A saúde mental está intrinsecamente ligada à saúde física, e aceitar nossos sentimentos contribui para esse equilíbrio. A supressão emocional pode resultar em estresse crônico, afetando negativamente o corpo. Ao contrário, quando abraçamos nossos sentimentos, reduzimos a carga emocional e promovemos uma mente mais serena, beneficiando todo o nosso organismo.

Ademais, a exploração saudável dos sentimentos é um impulso para a criatividade e a inovação. Ao compreendermos nossas emoções, podemos canalizar esses sentimentos em expressões artísticas ou soluções criativas para os desafios que enfrentamos. A liberdade de sentir e processar emoções contribui para uma mente mais flexível e aberta às possibilidades.

A busca por um equilíbrio emocional saudável também nos capacita a tomar decisões mais conscientes. Ao reconhecermos e avaliarmos nossos sentimentos, somos capazes de fazer escolhas alinhadas com nossos valores e objetivos, construindo um caminho mais autêntico e satisfatório.

Por fim, entenda: explorar e aceitar nossos sentimentos de maneira saudável é um ato de autocuidado. Ao reconhecermos a validade de nossas emoções, estamos investindo em nosso próprio bem-estar, construindo uma base sólida para uma vida plena e significativa.

42.3 MENSAGEM

Nos sentimentos, descobrimos um tesouro valioso que enriquece nossa jornada humana. Cada emoção, seja ela alegria, tristeza, amor ou medo, contribui para a complexidade e beleza da nossa existência. Ao abraçarmos e compreendermos esses sentimentos, mergulhamos nas profundezas da nossa própria humanidade, ampliando a paleta de cores que colore nossa vida.

A riqueza dos sentimentos está na sua diversidade, como notas musicais que compõem uma melodia única. A alegria nos eleva, a tristeza nos ensina, o amor nos conecta, e o medo nos desafia a crescer. Ao reconhecermos e aceitarmos essa riqueza emocional, construímos uma base sólida para uma vida mais significativa e plena.

Então, que possamos celebrar a gama completa de emoções que habitam dentro de nós. Na jornada da vida, os sentimentos são nossa bússola, guiando-nos na busca de uma existência mais autêntica e gratificante. Nesse universo emocional, descobrimos a verdadeira essência da experiência humana.

42.4 FRASE DO DIA

Nos sentimentos, encontramos a riqueza da experiência humana.

IMERSÃO N.º 43
CUIDADO PESSOAL

RESERVE TEMPO PARA CUIDAR DE SI MESMO COM CARINHO

43.1 PRECE/ORAÇÃO

Querido Deus, em tua sabedoria e amor sem fim, eu abro meu coração para expressar respeito e gratidão. Nos altos e baixos da vida, reconheço o valor da tua presença constante, iluminando meu caminho com tua graça celestial.

Agradeço por cada momento de alegria que aquece meu coração e por cada desafio que fortalece minha fé. Na tua luz, encontro forças para superar obstáculos, entendendo que cada dificuldade é uma oportunidade de crescimento e aprendizado.

Neste momento de profunda intimidade, ergo minha voz em louvor a ti, ó Deus, fonte infindável de misericórdia e compaixão. Que a minha jornada seja marcada pela constante consciência da tua presença, orientando-me pelos caminhos da bondade e generosidade.

Rogo, ó Divino Criador, que continues abençoando minha vida com tua sabedoria divina. Derrama sobre mim a luz do teu entendimento para que eu possa discernir o que é verdadeiro e justo. Inspira-me a cultivar paz no meu coração e a espalhar amor nas minhas ações, contribuindo para criar um mundo mais compassivo e harmonioso.

Senhor, concede-me a sabedoria de reservar um tempo para cuidar de mim com carinho. Que eu compreenda a importância de nutrir meu corpo, mente e espírito, proporcionando momentos de descanso, reflexão e autocuidado. Que, ao fortalecer meu ser, eu possa contribuir ainda mais para o bem-estar daqueles ao meu redor.

Que cada passo que eu der seja uma expressão de gratidão e reverência por tua grandiosidade. Concede-me humildade para reconhecer minhas limitações e coragem para buscar sempre evolução espiritual.

Ó Criador, aceita minha prece como um sinal sincero de devoção e entrega. Que eu esteja sempre consciente da tua presença benevolente em minha vida, guiando-me na jornada da existência com fé, esperança e amor

Assim seja. Amém!

43.2 REFLEXÃO

Por que reservar tempo para cuidar de si mesmo com carinho?

Num mundo onde o tempo se desdobra entre compromissos e responsabilidades, é fundamental questionar: o que é, afinal, esse tesouro chamado tempo? Tempo não é apenas uma sucessão de minutos e horas, mas sim a energia da vida. É o recurso que nos é dado para moldar nosso destino e, mais importante ainda, para nutrir o nosso ser interior.

O desafio está em aproveitar ao máximo esse tempo passageiro, evitando que ele se perca nas tarefas diárias. A chave é não deixar o tempo escapar, mas sim usá-lo para nosso próprio benefício. Ao investirmos em nós mesmos, descobrimos o verdadeiro cuidado e a expressão do carinho que merecemos dedicar a nós mesmos.

Por isso, cuidar de si mesmo não é egoísmo, mas sim uma forma de se amar. Envolve reservar momentos especiais para aquilo que nos traz alegria e fazer pausas que nos reconectam com o que é essencial. Significa aceitar nossas fragilidades e comemorar nossas vitórias, criando uma relação de amizade profunda com a pessoa que somos.

Perceba que o ato de alinhar-se com o que há de melhor na vida começa quando escolhemos conscientemente direcionar nosso tempo para aquilo que realmente importa. É dar prioridade ao que nos preenche de satisfação e alimenta nossa alma. É escolher qualidade sobre quantidade, experiências significativas sobre uma corrida incessante contra o relógio.

Ao reservarmos tempo para cuidar de nós mesmos com carinho, estamos, na verdade, semeando as raízes da nossa própria felicidade. É um compromisso consigo mesmo de buscar o equilíbrio e a plenitude. É uma jornada de autodescoberta, onde aprendemos a escutar nossas necessidades, a reconhecer nossos limites e a abraçar a nossa humanidade.

Neste encontro consigo mesmo, não apenas se evita a armadilha do tempo perdido, mas também se encontra uma renovada motivação para viver plenamente. Reservar tempo para cuidar de si mesmo é um ato de resistência contra a pressa do cotidiano, é um investimento no próprio bem-estar emocional, físico e espiritual. É, acima de tudo, uma declaração de amor à pessoa mais importante que conhecemos: nós mesmos.

43.3 MENSAGEM

Nos cuidados diários, descobrimos a fonte essencial da nossa renovação interior. É nesse ato de dedicar um momento a nós mesmos que encontramos a energia necessária para enfrentar os desafios da vida com vigor renovado. Cuidar de nós mesmos não é apenas uma prática, mas uma expressão profunda de amor-próprio e um compromisso vital com o nosso bem-estar.

Ao reservarmos tempo para os cuidados pessoais, estamos cultivando um jardim interior onde a paz e a vitalidade florescem. Essa atenção dedicada cria uma base sólida para o nosso crescimento emocional e espiritual, proporcionando-nos uma jornada de autodescoberta contínua. Cada ato de autocuidado é um passo em direção à renovação interior, uma confirmação de que merecemos nutrir a nossa própria essência.

Portanto, lembremo-nos sempre: nos cuidados diários reside o poder de nos reinventarmos, de nos fortalecermos e de nos conectarmos com a fonte inesgotável de vitalidade que habita dentro de cada um de nós. Que cada momento dedicado a cuidar de si mesmo seja um lembrete do valor intrínseco que possuímos e uma inspiração para uma vida vibrante e renovada.

43.4 FRASE DO DIA

Nos cuidados, encontramos a fonte da nossa própria renovação.

IMERSÃO N.º 44
MEDO

ENFRENTE O MEDO COM CORAGEM E DETERMINAÇÃO

44.1 PRECE/ORAÇÃO

Querido Deus, meu refúgio e fortaleza, em Tua presença, encontro coragem para enfrentar os medos que tentam me dominar. Reconheço, Senhor, que o medo muitas vezes tenta aprisionar meu coração, mas, com Tua graça, desejo superá-lo.

Tu és a rocha inabalável, a fortaleza que me sustenta. Em meio às incertezas da vida, confio em Tua sabedoria divina para guiar meus passos. Ajuda-me a encarar os desafios com determinação e fé, pois sei que em Ti posso encontrar a força necessária para vencer qualquer temor.

Que Tua luz dissipe as sombras do medo, transformando-o em energia positiva. Que cada desafio se torne uma oportunidade de crescimento e superação, pois sei que contigo ao meu lado, não há limites para o que posso conquistar.

Senhor, capacita-me a transformar o medo em coragem, a dúvida em confiança e a fraqueza em força. Que a Tua palavra seja minha bússola, e Tua presença a fonte inesgotável de inspiração para enfrentar os obstáculos que surgem em meu caminho.

Em Teu nome, Deus amoroso, proclamo a vitória sobre o medo. Que Tua graça me envolva, capacitando-me a caminhar com coragem, confiança e determinação. Assim seja. Amém!

44.2 REFLEXÃO

Por que enfrentar o medo com coragem e determinação?

A instabilidade emocional muitas vezes tem suas raízes no medo, uma sombra que se manifesta quando confrontamos incertezas sobre nossa autossubsistência, segurança e proteção. No entanto, ao invés de permitir que o medo dite o ritmo de nossas vidas, podemos transformá-lo em uma fonte poderosa de energia positiva, impulsionando-nos na direção da coragem e da determinação.

O medo, muitas vezes, surge do desconhecido, da sensação de vulnerabilidade diante das mudanças e desafios. A verdadeira autonomia emocional se constrói quando aprendemos a transformar esse medo em uma força motriz positiva. Não se trata de cultivar o medo, mas sim de extrair a coragem dele, usando-o como uma alavanca para enfrentar adversidades de maneira resoluta.

É essencial reconhecer a sombra oculta do medo, aquelas preocupações que se escondem nas profundezas de nossa mente. Enfrentar o medo não significa simplesmente ignorá-lo, mas sim compreender suas origens e transformá-lo em uma fonte de força. Ao desvendar essas sombras, descobrimos nossa capacidade de superação e crescimento.

Entender que enfrentar o medo com coragem e determinação é um processo de aprendizado contínuo nos permite trilhar um caminho de evolução pessoal. Ao invés de sermos reféns do medo, escolhemos aproveitar a energia que ele proporciona para impulsionar nossas ações em direção aos nossos objetivos.

Portanto, que possamos abraçar a jornada de enfrentar o medo não como uma batalha, mas como uma oportunidade de transformação. Que cada passo dado na direção da coragem e da determinação seja um testemunho do nosso poder interior de transcender as sombras emocionais e alcançar a estabilidade emocional que buscamos.

Que a leitura destas palavras seja não apenas motivadora, mas também um lembrete gentil de que o medo não é um inimigo a ser temido, mas sim um mestre a ser compreendido. Na busca pela estabilidade emocional, a coragem e a determinação se revelam como guias confiáveis, iluminando o caminho em direção a uma vida mais plena e autêntica.

44.3 MENSAGEM

Enfrentar nossos medos não apenas revela a força interior que nos impulsiona, mas também desbloqueia portas para um contínuo processo de evolução. Por isso, buscar autoconhecimento e crescimento pessoal é como embarcar em uma jornada corajosa, em que enfrentamos nossos medos para desvendar a coragem que reside profundamente em nosso ser.

Nesse contexto, a superação de cada desafio representa um passo em direção à expansão da consciência, convidando-nos a explorar territórios além dos limites percebidos do possível. Ao permitirmos nosso próprio crescimento, abrimos portas para a descoberta de novas perspectivas, habilidades, talentos e potenciais até então não conscientes.

Assim, cada desafio superado amplia os horizontes da nossa compreensão, conduzindo-nos para além das fronteiras confortáveis do conhecido. Nessa jornada de autodescoberta, encontramos uma motivação profunda para nos transformarmos, não apenas como indivíduos, mas como parte integrante de uma vasta rede de seres interligados.

A verdadeira evolução se manifesta quando abraçamos a jornada com mente aberta e coração corajoso. Em vez de temermos a mudança, celebramos a oportunidade de nos reinventarmos continuamente. A cada passo, liberamos as correntes autoimpostas do medo, permitindo que a coragem seja a bússola que nos guia na busca por uma consciência expandida.

Em última análise, a necessidade de evolução não é apenas um chamado pessoal, mas uma contribuição inestimável para o tecido da existência, em que cada indivíduo desempenha um papel fundamental na construção de um mundo mais consciente e compassivo.

44.4 FRASE DO DIA

No enfrentar do medo, encontramos a coragem que nos impulsiona.

IMERSÃO N.º 45
VIVER PLENAMENTE

ABRACE CADA MOMENTO COMO UMA DÁDIVA PARA VIVER PLENAMENTE

45.1 PRECE/ORAÇÃO

Oh Deus, meu Pai celestial, humildemente me aproximo de Ti, reconhecendo a grandiosidade do Teu amor e a beleza da Tua criação. Louvo-Te com um coração transbordante de gratidão, rendendo-me diante da majestade que permeia cada aspecto da minha existência.

Agradeço, Senhor, por cada dádiva, cada sorriso e cada desafio que molda o meu caminho. Que a minha vida seja um hino constante de louvor, reconhecendo a Tua bondade em todos os momentos. Que eu possa enxergar a Tua mão orientadora em cada jornada, e que a minha gratidão floresça como um perfume suave diante do Teu trono.

Peço, Pai, a Tua orientação constante em minha vida. Capacita-me a seguir os Teus caminhos, a tomar decisões que estejam alinhadas com a Tua vontade soberana. Concede-me discernimento para compreender os propósitos que tens para mim e a coragem para enfrentar os desafios com fé inabalável.

Intercedo, Senhor, por aqueles que sofrem, pelos desamparados, pelos enfermos e pelos que buscam consolo. Que a Tua luz divina ilumine os lugares mais sombrios, trazendo cura e esperança a todos os corações necessitados. Esteja presente em suas vidas, revelando a Tua misericórdia de maneiras surpreendentes.

Pai celestial, anseio pela vida eterna contigo. Que a promessa da Tua presença me inspire a viver de forma significativa, buscando a comunhão Contigo em todos os momentos. Concede-me a sabedoria para compreender a importância da eternidade e a urgência de compartilhar o Teu amor com o mundo.

Por fim, peço que, em Tua infinita misericórdia, estejas ao meu lado em todos os momentos. Fortalece-me nas horas de fraqueza, consola-me nas tristezas e guia-me nos momentos de indecisão. Que a Tua presença seja o alicerce seguro no qual construo a minha vida.

Assim como Tu és um Deus de amor, capacita-me a refletir esse amor aos outros. Que as palavras que eu profira e as ações que eu empreenda sejam permeadas pelo teu amor incondicional. Usa-me como um instrumento da Tua graça, para que eu seja uma bênção na vida daqueles que cruzam o meu caminho.

Senhor, agradeço por cada bênção que Tu generosamente derramas sobre mim. Recebe a minha gratidão como uma oferta sincera, pois reconheço que todas as dádivas vêm de Ti. Que a minha vida seja um constante hino de louvor à Tua bondade e ao Teu amor que nunca falha.

Em nome de Jesus, o Salvador que me mostrou o caminho da verdadeira vida, oro e entrego meu coração. Assim seja. Amém!

45.2 REFLEXÃO

Por que abraçar cada momento como uma dádiva para viver plenamente?

Abraçar cada momento como uma dádiva para viver plenamente é mais do que uma atitude, é uma filosofia que resgata a essência da existência humana. Em um mundo acelerado, a prática de valorizar cada instante se torna crucial. A vida é efêmera e imprevisível, e, ao reconhecermos essa realidade, nos deparamos com a urgência de adotar uma postura mais consciente em relação ao presente.

A verdade é que a correria diária muitas vezes nos faz perder de vista a preciosidade que está contida em cada momento. Ao abraçarmos cada instante, reconhecemos que a vida é feita de uma sucessão única de experiências, e cada uma delas carrega consigo uma oportunidade de aprendizado, crescimento e prazer.

A efemeridade da vida nos lembra que o tempo é um recurso não renovável. Não podemos voltar atrás para reviver momentos passados, nem antecipar o que o futuro nos reserva. Nesse contexto, abraçar cada momento não é apenas uma escolha, mas uma estratégia para nos conectar com a autenticidade do agora.

Ao adotar essa filosofia, estamos nos afastando da armadilha da busca incessante por realizações futuras e nos voltando para a apreciação do presente. Cada instante se torna uma dádiva única, uma oportunidade para experimentar a plenitude da vida. Essa atitude não apenas transforma a maneira como vivemos, mas também enriquece nossa jornada com significado e propósito.

É bem verdade que o mundo anda agitado, e muitas vezes esquecemos a preciosidade de cada momento que nos é dado. Cada instante é uma dádiva única, uma oportunidade de viver plenamente, mas é comum deixarmos passar despercebida essa verdadeira riqueza.

Abraçar cada momento é como capturar a leveza do tempo. A vida é rápida, é como um vento suave, e cada momento é uma oportunidade única. Se não seguramos essas oportunidades com gratidão, elas escorrem pelos nossos dedos como areia fina. Compreender essa rapidez nos inspira a valorizar o presente e a perceber que a essência da vida está na qualidade dos momentos que vivemos. Cada um deles é como uma pequena joia que, quando observada com atenção, revela a verdadeira beleza da nossa jornada.

Viver plenamente significa estar consciente do presente. Em um mundo onde muitas vezes nos perdemos no passado ou nos preocupamos excessivamente com o futuro, a prática da atenção plena nos leva de volta ao agora. Ao abraçarmos cada momento com plena consciência, descobrimos uma nova dimensão de experiência, em que a vida se desdobra em toda a sua riqueza.

Em vez de viver no piloto automático, abraçar cada momento nos permite escapar da monotonia da rotina. Mesmo nas tarefas diárias mais simples, há uma beleza a ser encontrada.

Cada detalhe, cada nuance, pode se transformar em uma fonte de maravilha quando vivemos com atenção e intenção.

A plenitude da vida também se revela nas relações humanas. Ao abraçarmos cada momento com aqueles que amamos, fortalecemos os laços que nos conectam. A qualidade do tempo que dedicamos aos outros torna-se um reflexo da importância que damos às pessoas em nossas vidas.

Viver plenamente também significa evitar arrependimentos futuros. Ao abraçarmos cada momento com consciência, minimizamos a probabilidade de lamentações sobre o passado. A vida se torna uma tapeçaria rica de experiências, cada uma desempenhando um papel vital na construção da nossa história pessoal.

Por fim, abraçar cada momento como uma dádiva para viver plenamente é uma escolha diária. É uma mudança de perspectiva que nos convida a ver a beleza nas pequenas coisas, a apreciar a simplicidade do presente e a reconhecer que a verdadeira plenitude da vida está sempre ao nosso alcance.

45.3 MENSAGEM

No viver plenamente, a gente descobre o coração da vida. Cada momento é como um tesouro escondido esperando para ser encontrado. É como abrir um baú cheio de coisas boas, onde alegrias, amor e momentos especiais se misturam, formando o tapete colorido da nossa jornada.

Quando buscamos viver de verdade, percebemos que o segredo da vida não está só nas coisas grandonas, mas nas pequenas coisas do dia a dia. São os sorrisos, os abraços apertados e as coisinhas boas que acontecem que tornam tudo mais especial. Viver plenamente é ficar de olho nessas coisas, agradecendo por cada desafio que aparece, porque eles podem ser chances de a gente crescer.

Então, vamos nessa jornada de viver plenamente, explorando cada momento com animação. Cada passinho que a gente dá nos leva mais perto do coração da vida, onde tudo ganha mais sentido, propósito e felicidade, acompanhando a gente a cada respiro.

45.4 FRASE DO DIA

No viver plenamente, encontramos a essência da existência.